교사와 부모를 위한

아이의 그림을
이해하는 법

교사와 부모를 위한
아이의 그림을 이해하는 법

초판 1쇄 발행 | 2018년 5월 20일

지은이 르네 발디 | 서문 끌로드 퐁티 | 옮긴이 강현주
펴낸이 박진영 | 편집 김윤정 | 디자인 새와나무 | 펴낸곳 머스트비
등록 2012년 9월 6일 제406-2012-000154호
주소 경기도 파주시 심학산로 12 302호
전화 031-902-0091 | 팩스 031-902-0920
이메일 mustb0091@naver.com

ISBN 979-11-6034-055-6 03180

이 도서의 국립중앙도서관 출판시도서목록(CIP)은 서지정보유통지원시스템 홈페이지(http://seoji.nl.go.kr)와
국가자료공동목록시스템(http://www.nl.go.kr/kolisnet)에서 이용하실 수 있습니다.(CIP제어번호: CIP2018008076)

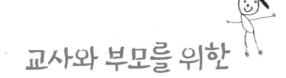

교사와 부모를 위한

아이의 그림을 이해하는 법

르네 발디René Baldy 지음
끌로드 퐁티Claude Ponti 서문
강현주 옮김

머스
트비

감사의 글

세실, 샤를로트, 디미트리, 엘리즈, 엠마누엘, 플로라, 로리, 로란느, 루안느, 루카스, 루실, 마라, 니콜라스, 니엘, 폴, 로맹, 로빈슨, 로잘리아, 실라, 얀느를 비롯한 모두를 칭찬합니다. 이 아이들의 그림은 정말 아름답습니다!

이 책에 아이들의 그림을 실을 수 있도록 허락해 준 부모님들에게 감사드립니다.

특히 나를 믿고 모든 질문에 친절하게 대답해 준 루실과 폴의 부모님께 깊은 감사를 전합니다.

아이의 그림이 가족의 울타리를 벗어나는 경우는 아주 드뭅니다. 아이들의 그림이 없었다면 이 책은 빈껍데기에 불과했을 것입니다.

LE MUZ(어린이 작품 박물관)의 모든 직원에게도 감사를 표합니다. LE MUZ는 이 책의 서문을 쓴 끌로드 퐁티Claude Ponti가 2010년에 설립했습니다. 이곳에 전시된 수천 장의 그림 중에서 이 책에서는 플로라, 루실, 폴, 로빈슨, 로잘리아, 실라의 그림과, 슬픈 사람 혹은 행복한 사람, 교실에서 공부하는 사람 혹은 공을 차는 사람을 그린 그림을 만날 수 있습니다.

* LE MUZ 웹사이트 : http://lemuz.org/le-museecollections-particulieres/

차례

인간은 누구나 아이로부터 어른이 될 때까지 자신의 모습을 형성해가면서 성장합니다. 그런데 세상이 처음 만들어진 이후로, 즉 아주 먼 옛날부터 인간은 자신의 모습을 그려왔습니다. 따라서 이 책의 저자 르네 발디가 아이가 어떻게 사람을 그리게 되는지 궁금해하는 건 자연스러운 일입니다.

르네 발디는 '사람 그림'을 찾아 연구하는 탐험가입니다. 아이가 언제부터 사람을 그리기 시작하는지, 그 그림이 어떻게 발달하는지 연구합니다. 그 결과, 여자아이들은 여자아이를, 남자아이들은 남자아이를 더 많이 그린다는 사실을 확인했습니다. 단, '남자아이 같은 여자아이'나 '여자아이 같은 남자아이'의 경우, 연구 자료가 부족하여 아직 결론을 얻지 못했습니다. 하지만 그림 속 사람에게도 분명히 성性이 존재합니다.

르네 발디는 지혜롭게도 아이들이 과거와 현재에 그린 그림을 비교하고, 장소에 따라 어떻게 그림을 다르게 그리는지 관찰했습니다. 물론 시간의 흐름을 따라가기도 했습니다. 예를 들면, 이 책에 나오는 로잘리아의 그림과 다른 아이들의 그림을 매주, 매달 간격으로 수집해서 그림의 발달 과정을 확인했습니다.

아이들 역시 똑똑해서 자신이 그린 사람에 대해서 화가 못지않게 설명을 잘해 줍니다. 때로는 마음속으로, 때로는 큰 소리로 말하기도 하지만, 우리가 물어보면 아이들은 대부분 친절하게 대답합니다. 아이들이 자신이 그리고 있거나 그린 그림에 대해서 말하는 것을 들을 때, 나는 행복을 느낍니다.
"여기는 머리고요, 여기는 손이에요. 그리고 저기는 발이에요."

이때, 어른인 척하기 좋아하는 누군가가 참견합니다.

"여기가 머리라고? 머리가 목 위에 없는데다가, 목은 아예 없잖아. 그리고 손은 별 모양의 당근 더미 같은데. 발은 있는데 다리는 왜 없니?"

그림에 대해서 아무것도 모르는 불쌍한 어른은 이렇게 말합니다.

"네가 머리를 생각하면서 머리를 그리지 않고, 손을 생각하면서 손을 그리지 않고, 배를 생각하면서 배를 그리지 않는데, 어떻게 사람처럼 보일 거라 기대할 수 있니?"

아이에게 이 모든 것들이 잘 연결되어 있는지는 중요하지 않습니다. 중요한 것은 이 모든 것들이 동시에 그 자리에 있다는 사실입니다. 더구나 생각을 그림으로 그려내기는 쉽지 않습니다.

저자 르네 발디는 그림을 통한 아이의 발달과 인간의 발달에 관심이 있고, 나는 조형 작품, 시, 그림, 음악을 통한 아동 발달에 관심이 있습니다. 따라서 우리는 운명처럼 만날 수밖에 없었고, 그 이후로 르네 발디는 LE MUZ가 지속해서 발전할 수 있도록 중요한 부문을 담당해 오고 있습니다. LE MUZ는 언제 어디서든 누구나 무료로 볼 수 있는, 국제 어린이 작품 온라인 박물관입니다. 나는 2010년에 엄청난 노력과 열정을 가진 친구들과 함께 이 웹사이트를 만들었습니다.

이 박물관 덕분에 아이들의 창작물이 비로소 그 가치를 인정받게 되었습니다. 유명인들이 아이들의 작품에 진지한 관심을 보내고 있으며, 이 아이들이야말로 인류 문화에 중요한 기여를 했다고 평가했습니다. 인류는 이러한 아이들의 작품 없이는 이루어질 수 없으며, 바로 그 작품들이 인류의 증거입니다. 그런 이유로 르네 발디는 LE MUZ에 자신만의 전문 영역을 만들어, 아이들이 다양한 창작 활동을 시도하면서 세상으로 나아가도록 이끌어 주고 있습니다.

이 책을 읽는 독자는 어떻게 감자 모양의 손에서 당근 모양의 손가락이 자라며, 어떻게 단순한 긁적거림이 입체감 있는 도형이나 양 끝이 우아하고 정확하게 맞닿은 타원으로 발전하는지에 관해, 아이들이 사용하는 특별한 방법을 배우게 될 것입니다. 하지만 이를 통해 당신의 아이가 정상인지 혹은 발달이 늦은지에 관해 설명하지는 않습니다. 아이들은 각자자신의 생체 시계에 따라 다른 속도로 성장하기 때문에, 모두 정상이라는 게 우리의 생각이니까요. 분명한 것은, 이 책을 통해서 아이들이 경험하는 환상적인 모험에 대해서 이전보다 많이 이해하게 될 거라는 사실입니다.

나는 책을 읽거나 작품을 감상하는 일이 우리를 긍정적으로 변화시킨다고 믿습니다. 따라서 이 책을 다 읽은 후 그림을 이해하는 시야가 더 넓어지고, 마음이 더 풍요로워지고, 삶이 더 행복해졌으면 좋겠습니다. 우리가 기대하는 것 이상으로 지식은 우리를 행복하게 만들어 주기 때문입니다.

– 클로드 퐁티(Claude Ponti)

일러두기

- 각 그림 아래에 그림을 그린 아이의 이름과 그릴 당시의 나이(몇 세 몇 개월)를 표기하였다.
  예) 로빈슨(2세 6개월)
- 이 책에 나온 나이는 프랑스식이며, 한국의 세는나이보다 한 살 적다.
- 두 개 이상으로 구성된 그림에 대한 설명은 좌 → 우, 상 → 하 순에 따른다.
- 각주는 옮긴이주와 원주가 있다.

편안한 마음으로 이렇게 상상해 보자.

작은 탁자 앞에 아이를 편안하게 앉혀 놓고, 아이 앞에 흰 도화지 한 장을 펼쳐 놓는다. 그런 다음, 아이에게 크레파스를 사용하는 방법을 보여 준다. 나머지는 아이 몫이다. 얼마 후, 겨우 한 살 막 지난 아이는 당신에게 처음으로 굵적거린 그림을 선물한다. 이 순간은 아주 중요하다. 마치 아이가 아무 도움도 없이 스스로 걸음마의 첫발을 내디뎠을 때처럼.

"우리 아기가 그린 그림, 정말 예쁘구나!"

당신은 아이의 첫 작품을 자랑스럽게 벽에 건다. 아이는 이미 세계 최고의 화가다.

우리는 아이의 그림을 '마음의 눈'으로 본다. 그 순간에 우리가 느끼는 감정에 대해서 잠시 생각해 보자. 아이의 그림은 그 자체로는 우리에게 아무런 말도 건네지 않는다. 하지만 가만히 들여다보면, 그림은 아이 자신에 대해 자세히 설명한다. 이때 고정 관념을 가진 사람이라면 뻔한 방향으로 해석하기 쉽다. 이는 가장 흔히 사용하는 심리분석학적 개념을 바탕으로 하는 해석으로, 아이가 그린 그림과 무의식 사이에 존재할 수도 있는 관계를 밝히는 데 목적이 있다. 이와 다르게 이 책은 아이가 성장하는 동안 아이 그림의 발달 과정을 면밀히 살펴, 심리적 발달 수준을 측정한다.

아이는 끊임없이 변화한다. 신체 기관과 지능을 비롯해 정서, 사회관계, 동기, 관심사, 세계관이 빠른 속도로 변화해 나간다. 즉, 아이를 가장 잘 표현하는 단어는 '변화'다.

아이의 신체 성장은 다양한 방식으로 확인할 수 있다. 계절이 변할 때마다 아이가 입던 바지나 원피스 길이가 몇 센티미터나 짧아졌는지 재어 보면 된다. 또래 친구들과 아이의 키를 비교해 볼 수도 있다. 또, 정기적으로 아이의 키를 재어서 벽에다 표시할 수 있다. 병원에서 연령에 따른 평균 키가 표시된 성장 곡선을 보면서, 아이의 키가 평균 범위에 있는지 확인하는 방법도 있다.

그렇다면 그림은 어떠할까? 아이의 그림은 성장 과정의 흔적을 담고 있다. 아이들은 거의 예외 없이 한 살 반 무렵 그림을 그리기 시작해서 열 살 정도에 그림 그리기를 그만둔다. 이 시기 동안 그림은 신체와 마찬가지로 발달하며, 이를 통해서 아이의 심리 발달 수준을 측정해 볼 수 있다. 각 그림은 성장과 변화의 과정 속에서 주목할 만한 순간을 드러낸다. 그리고 두 개의 그림을 비교할 때 나타나는 차이는 곧 심리적 발달을 의미한다. 따라서 하나의 그림은 앞서 그렸던 그림(아이가 이미 지나온 과정)과 그다음에 그린 그림(아이가 그리고 있거나 준비중인 그림)을 비교해 볼 때 비로소 완전해진다. 기억할 점은, 그림을 비교할 때 변한 것, 혹은 변하지 않은 것에 가장 큰 관심을 두어야 한다는 것이다.

그렇다면 두 그림을 구분 짓는 차이를 어떻게 평가하고 해석해야 할까?

이를 위해 이 책은 시기별 기준이 되는 특징과 그림을 볼 때 유용한 개념적 요소를 비롯하여 교사와 부모의 질문에 대한 답변, 아이를 격려하기 위한 조언, 아이의 발달 단계를 평가하거나 발달에 도움을 주기 위한 연습 놀이, 더 깊이 있는 정보를 위한 참고 자료 등을 제공한다. 하지만 이 책에서 가장 중요한 부분은 무엇보다 '아이들의 그림'이다. 이 그림들은 글 못지않게 중요하다. 아이들이 직접 그린 그림을 보면서 독자들은 '그림 보는 시각'을 훈련할 수 있다. 반례로 제시되는 그림을 제외하고, 대부분의 그림은 무난히 잘 성장하고 있으며 일반적인 교육 과정 속에서 특별한 재능이나 심각한 문제를 보이지 않는, 평범한 아이들이 그린 것이기 때문이다.

이 책의 구성은 다음과 같다.

1장은 아이들이 끄적거린(되는대로 마구 그린) 그림을 살펴보면서, 그래픽 언어로서의 그림이란 무엇인지 정의를 내리고자 한다.

2장과 3장에서는 그림 속 사람의 탄생 과정을 지켜보면서 '두족인(머리와 팔다리만 있고 배가 없는 사람)'의 수수께끼를 다룬다. 이를 위해 사람 그림의 발달 과정과 기형적인 모습, 옷 등에 관해 다룬 다음, 아이가 사람의 움직임이나 옆모습, 감정을 표현하게 되는 과정을 살펴보려고 한다.

4장은 동물 그림이 발달하는 과정을, 5장은 집과 풍경 그림을 다룬다. 여기서는 원근법에 대한 이야기도 등장한다.

6장에서는 아이의 그림이 보편성과 역사적·문화적 다양성, 개인적 특수성을 드러낸다는 사실을 설명할 것이다. 글자와 그림이 맺고 있는 밀접한 관계를 이야기하면서, 이 책은 끝난다.

이 책을 읽기 전, 자신을 평가할 수 있는 그림을 한번 그려 볼 것을 제안한다.

도화지를 한 장 펼치고, 사람, 집, 동물, 풍경, 말 타는 사람을 그린 후 마지막으로 언덕을 오르는 사람을 그려 보자. 어떤 부분이 어려운가? 언덕을 오르는 사람의 경우, 몸을 기울이거나 다리를 구부리는 모습을 그리기 위해 어떤 표현 방식을 사용해야 할까? 머리부터 그릴까? 다리부터 그릴까? 무엇부터 그려야 할지 고민에 빠질 수도 있다.

만약 아이라면 어떻게 그림을 그릴까? 먼저 눈을 감고 네 살, 일곱 살, 그리고 열 살 된 아이가 그린 그림을 상상해 보자. 그다음, 아이가 되어 상상한 대로 똑같이 그려 보자. 이때 드러난 표현 능력은 아이에 대해 갖고 있는 기대치를 반영하기 마련이다.

이 책을 다 읽은 후, 읽기 전에 그렸던 그림을 다시 꺼내서 살펴보자. 만약 변화가 보인다면, 조금이나마 성장했다는 증거다.

지금은 두뇌의 창문을 활짝 열어야 할 때다. 창의성과 지식의 발견이 주는 기쁨이 수시로 당신에게 찾아올 것이다. 그리고 작고 사소한 변화에 집중하며 날마다 아이와 함께 새롭게 시도하기 바란다.

1. 그림의 비밀

 태어난 지 아홉 달이 지나면 아이는 수월하게 장난감을 만지고 엄지와 검지로 작은 물체를 쥘 수 있다. 태어나서 처음 2년 동안 아이는 숟가락으로 밥을 떠먹거나 컵으로 물을 마시거나 크레파스를 쥐는 것과 같은 새로운 운동 능력을 하나씩 습득한다. 아이는 종이 위에 무언가를 서투르게 긁적거릴 수도 있고, 그 과정에서 우연히 그림이 탄생할 수도 있다. 우리가 앞으로 다루고자 하는 주제는, 아이의 성장에 따른 그림의 발달 과정이다.

아이와 긁적거리기
 아이는 손을 움직여서 크레파스를 쥐고 종이 위에 눈으로 확인 가능한 흔적을 남긴다. 특정한 형태도 없는 이런 모호한 긁적거리기에 어떤 물건의 형상을 그리려는 의도가 있다고 할 수는 없다.

 그냥 재미있으니까!
 어린아이들은 낙서를 통해 스스로 무언가를 조절해 보고 싶은 충동을 느낀다.

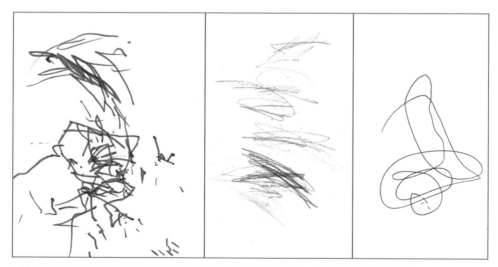

그림 1. 로빈슨의 긁적거리기 : 거의 조절되지 않은 긁적거리기(1세 1개월), 규칙적인 긁적거리기(2세), 조절된 긁적거리기(2세 6개월).

거의 혹은 전혀 조절되지 않은 긁적거리기

그림 1의 왼쪽 예는 점과 비슷한 형태다. 한 살 무렵 아이는 손바닥 전체로 크레파스를 움켜쥐고 종이 위를 두드린다. 눈에 보이는 결과물은 대부분 우연에 따른 것이므로, 그때마다 아주 다양한 형태로 나타날 수 있다. 이 시기에는 아이의 집중력이 아주 약하기 때문에, 그림에 관한 흥미는 단지 몇 분, 심지어 몇 초 간 지속되다가 사라진다.

규칙적인 긁적거리기

그림 1의 가운데 예는 마치 그림에 선으로 음영을 넣을 때처럼, 두 살 난 아이가 같은 동작을 규칙적이고 반복적으로 한 결과로 나타난 지그재그 모양이다. 이때 아이는 연필을 쥐는 방법을 알고 있기 때문에 손을 종이 위로 뻗어서 힘을 조절할 수 있다. 또한 이 시기의 아이들은 원 모양의 곡선을 그릴 수 있다(아래 ZOOM 참고).

조절된 긁적거리기

그림 1의 오른쪽 예는 아이가 두 살 반에 그린 것으로, 더욱 일정한 형태를 나타낸다. 아이들은 세 살 무렵 원을 그릴 수 있다. 이 그림은 아이가 근육의 힘을 조절하고 손목을 중심으로 단지 손과 손가락만을 움직여서 그림을 그릴 수 있다는 것을 의미한다. 이런 동작은 아주 느리게 진행할 수 있고, 때로는 그리는 중간에 멈추기도 한다.

ZOOM : 원형 곡선은 어느 방향으로 돌아가는가?

그림 2. 로빈슨(2세 10개월)이 그린 원형 곡선.

채소 탈수기를 빠르게 돌리는 순간을 떠올려보자. 만일 오른손잡이라면 시계방향으로 손잡이를 돌리고, 왼손잡이라면 시계반대방향으로 손잡이를 돌릴 것이다. 이것이 자연스러운 동작이다. 원형 곡선은 이와 유사한 동작으로 그려진다. 지속적인 동작을 빠르게 그릴수록, 시계방향으로 진행하게 되고 동작을 조절하기가 힘들어진다. 원을 그리는 방법은 나중에 다시 살펴보기로 하자.

시각과 손의 운동이 연결되는 시기의 긁적거리기

유아기 초기에 아이의 눈은 크레파스를 빠르게 움직이고 있는 손을 따라가다가, 손동작이 끝난 후에야 결과물을 볼 수 있다. 그런데 두 살 반가량 되면 동작이 느려지므로, 손의 속도가 눈의 속도를 따라가지 못한다. 이처럼 손과 눈의 관계가 역전되면서 상황이 완전히 바뀐다. 그뿐 아니라 아이는 손의 움직임에 점점 더 집중력을 발휘하게 된다.

공간을 완전히 채운다는 만족감

그림 3. 로빈슨(2세 10개월)이 도화지를 가득 채웠다.

그림 3에서 아이는 두 가지 만족감을 느끼는데, 긁적거리는 동작에서 느끼는 만족감과 그 결과를 감상하면서 느끼는 시각적 만족감이다. 이 두 가지 만족감은 상호 강화해 주는 효과가 있다. 자신이 그린 결과물을 눈으로 확인하면서 만족감을 느낀 아이는 새롭게 흔적을 만들고 싶은 욕구를 느끼게 되고, 이 과정에서 아이는 또다시 만족해한다. 눈은 아직 비어 있는 도화지의 절반 쪽으로 손을 이끌고 가서, 서서히 도화지를 완전히 채운다.

색깔을 가지고 노는 것을 즐긴다

아직 형태나 의미를 가지고 놀 수 없는 시기의 아이는 색깔을 가지고 노는 것을 좋아한다. 즉, 모든 것을 시도할 준비가 되어있다고 볼 수 있다.

크기가 다른 도화지 몇 장과 다양한 그림 도구를 준비하자. 수성 펜과 붓으로 그리는 것 말고도, 스펀지, 감자로 만든 다양한 크기의 도장 찍기, 손가락으로 문지르기, 선사 시대의 사람들처럼 손으로 흔적 남기기 등, 아이 스스로 다양한 색깔과 형태를 결합해 보게 하는 활동은 미적 감각의 토대를 마련해 준다. 아주 다채로운 색상의 그림을 거실 벽에 걸어두는 것도 좋은 방법이다.

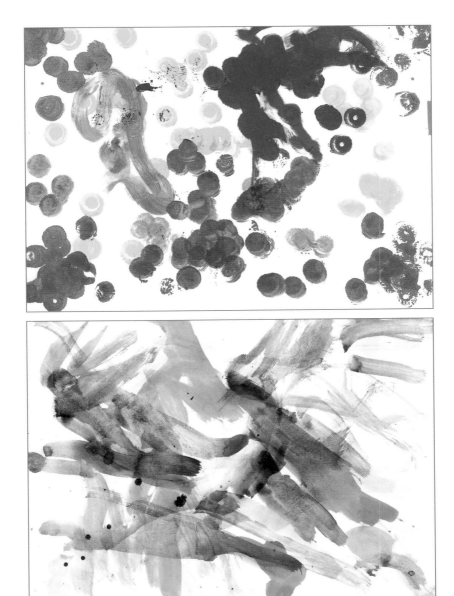

그림 4. 로빈슨(2세 6개월)의 채색 체험.

교사와 부모의 질문

Q) 아이가 평소에 긁적거리기를 하도록 자극하는 게 필요할까요?

A) 네! 긁적거리기는 때로 가치가 없다고 평가되기도 하지만, 그다음 단계로 나아갈 때 유용한 능력을 습득하게 해 줍니다.

긁적거리기를 통해서 아이는 그림은 물론이고 글씨를 쓰기 위한 준비까지 합니다. 손의 근육을 움직이면서 하나의 목표에 집중하고 주의를 조절하는 법을 배우는 것이죠.

'내가 이 크레파스로 무엇을 할 수 있을까?' 아이는 궁금해하면서 크레파스를 입으로 빨거나 공중에 던져보기도 합니다. 처음으로 긁적거리기를 한 후, 아이는 크레파스가 선을 그리는 도구라는 사실을 알게 되고 크레파스를 제대로 쥐는 법을 배웁니다. 또한, 탁자가 아니라 종이 위에 긁적거리기를 해야 하며, 크레파스에 너무 힘을 주면 부러지기 쉽다는 사실도 알게 되죠. 수성 펜의 뚜껑을 닫지 않으면 잉크가 말라버리고, 수성 펜을 거꾸로 쥐면 입에 잉크가 묻을 수 있다는 사실도요.

고기도 먹어본 사람이 잘 먹는다는 말이 있습니다. 그림을 그리고 싶은 욕구도 무언가를 끊임없이 긁적거릴 때 더 많이 생겨나지 않을까요?

교사와 부모를 위한 조언

『종의 기원』이 출간된 후 찰스 다윈(Charles Darwin)이 쓴 650페이지에 달하는 원고 대부분이 사라졌습니다. 단지 45페이지만이 남아서 전해지고 있지요. 어떻게 된 일일까요? 원고 뒷면이 다윈의 열 명의 자녀 중 한 명 이상이 그린 낙서와 그림으로 뒤덮였기 때문입니다. 다윈의 자녀들은 원고 뒷면을 백지처럼 마음껏 사용했고, 다윈은 아이들의 그림을 간직하기 위해서 그 원고들을 따로 보관했습니다. 다윈처럼 아이가 그린 모든 작품을 보관하세요. 그리고 작품마다 작가의 이름과 그린 날짜를 기입하는 것도 잊지 마세요.

아무리 여러 가지 색깔의 크레파스를 가지고 있다고 하더라도, 세 살 난 아이는 단지 한 가지 색깔밖에 사용하지 않습니다. 손에 쥐고 있는 색깔의 크레파스만을 사용하고 다른 크레파스로 바꾸기를 거부합니다. 그렇다고 하더라도 한번 색깔을 바꾸어보라고 부드럽게 권유해보기 바랍니다.

아이의 첫 번째 작품만 아니라 그다음에 그리는 작품도 대화의 주제로 삼으세요. 그리고 아이의 작품을 벽에 붙이고 칭찬해 주세요. 나중에 당신이 이 과정을 깜빡하더라도 아이가 먼저 나서서 챙기게 될 겁니다.

연습 놀이

한 살 반가량 된 아이는 이제 막 몇 개의 단어를 말하기 시작합니다. 아이는 여전히 '그림을 그린다'는 게 무엇인지 전혀 알지 못할 것이고, 읽고 쓰는 법은 다섯 살 정도가 되어야 배우겠지요. 하지만 그림을 그리고 글을 읽고 쓰는 능력을 습득하기 위한 준비 과정을 소홀히 하면 안 됩니다. 아이와 함께 그림책을 보면서 그림에 관해서 이야기해 주세요. 이런 활동은 아이의 호기심을 일깨우고 상상력을 자극하며 주의력을 강화합니다. 또한, '그리고' '읽고' '쓰는' 법을 배우기 위한 준비 운동이 됩니다.

의도가 숨어 있다

사람들은 아이들이 무언가를 표현하고자 하는 의도 없이 단지 재미 삼아 긁적거린다고 말한다. 물론 처음으로 긁적거리기 시작했다면, 이 말은 사실이다. 하지만 두 살 된 아이가 종이 위에 그리는 선들은 무언가를 뜻하는 것일 수 있다. 즉, 아이는 긁적거리기를 통해서 형태를 나타내려는 의도를 품고, 의미를 찾으려고 시도하기 시작한다.

문제는 이러한 의도가 알아볼 만한 형태를 그릴 수 있는 능력보다 앞선다는 점에 있다. 즉, 아이는 그릴 수 있는 능력을 갖추기 전에 그냥 그리고 싶어 한다. 앞서 말했듯이, 아이가 걷기도 전에 뛰고 싶어 하고, 말하기도 전에 수다를 떨고 싶어 하는 것과 같은 이치다. 이 시기 아이의 그림은 초보 단계의 완성되지 않은 그래픽이자 '명명기'[1]에 해당하는 그림이라고 할 수 있다. 머지않아 아이는 그림 79에 나타난 것처럼 글을 읽는 방법을 배우기 전에 책을 읽는 흉내를 낼 것이고, 글을 쓰는 방법을 배우기 전에 쓰는 흉내를 낼 것이다.

이처럼 하고 싶은 마음과 실제 행동에 격차가 생길 때, 아이는 조바심을 내며 배움을 향해 더 적극적으로 나아가게 된다.

---

1. 아이들이 긁적거리기를 하다가 우연히 자신이 그린 것에 이름이나 모양을 붙이게 되는데, 이 시기를 '명명기'라고 한다 – 옮긴이 주.

윙~ 꿀벌이다

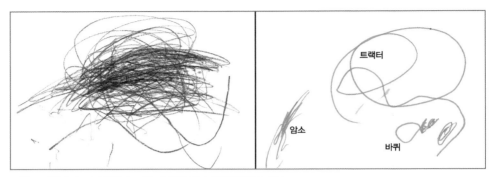

그림 5. 로빈슨이 그린 명명기 그림 : 꿀벌(2세)과 트랙터(2세 6개월).

두 살 무렵 로빈슨은 "윙, 윙, 꿀벌이다"라고 중얼거리며 거침없이 진한 선을 그렸다. 마치 이 선이 꿀벌의 윙윙거리는 소리를 나타낸다는 듯이 말이다. 두 살 반이 되자 로빈슨은 바퀴(거의 원에 가까운 형태다)가 달린 트랙터를 그렸다고 말했다. 어떤 형태를 표현하고자 했는지 설명은 하지만, 여전히 '비슷한 형태'를 그리지는 못했다. 하지만 아이가 그리는 형태와 그 형태의 의미 사이에 연관성이 생기기 시작했다는 걸 알 수 있다.

사실 이러한 긁적거리기를 '명명기' 그림이라고 말하기란 힘들다. 하지만 아이가 자신이 그린 그림에 관해서 설명한다면, 생각이 달라질 지도 모른다. 다음 내용을 한번 살펴보자.

개미도 사람을 그릴까?

당신이 강가에 앉아 있는데, 울퉁불퉁한 땅 표면 위로 개미 한 마리가 이리저리 움직이고 있다. 그런데 개미가 축축한 모래 위에 남긴 흔적이 마치 사람을 연상시킨다. 개미가 정말 사람을 그린 것일까? 아니다. 개미는 사람에 관해 알지 못하며, 따라서 사람을 그릴 의도가 전혀 없다. 개미가 남긴 흔적이 '사람'이라는 단어로 보일 수도 있다. 하지만 그것을 보고서 아무도 개미가 '사람'이라는 단어를 알고 썼다고 생각하지 않는다. 어떤 형태든지 간에 개미가 남긴 흔적은, 이 책이 논의하는 주제 안에서는 아무런 의미도 없다. 혹 우리가 알고 있는 무언가와 유사하다고 하더라도, 그것은 그림이 아니다.

이번에는 어떠한가? 세 살 된 아이가 축축한 모래 위로 손가락을 움직이다가 당신에게 자신만만한 태도로 "내가 사람을 그렸어요!"라고 말한다. 아이의 그림을 들여다보지만, 사람과 비슷한 점을 하나도 발견할 수가 없다. 하지만 당신은 아이가 사람을 그렸다고 인정한다. 왜냐하면 아이가 그렇게 말했으니까.

여기서 말하고자 하는 바는, 실제와 그림이 반드시 유사할 필요도 없고(아이의 그림), 유사하다고 해서 그림이라고 할 수도 없다(개미의 흔적)는 것이다. 아이가 그리는 선은, 그림을 그리는 아이의 의도와 그림을 보는 사람의 의도가 일치할 때 비로소 그림이 된다.

교사와 부모의 질문

Q) 아이는 어떻게 그림을 그리고 싶다는 생각을 갖게 되나요?

A) 몇몇 전문가들은 그림이 선과 사물 사이의 유사성을 우연히 발견하면서 시작되었다고 주장합니다. 하지만 그동안 관찰한 바에 의하면, 이러한 우연한 발견은 결코 없었습니다. 아이의 발달은 모두 외부 자극과 내적 성장이 결합하여 이루어집니다.

당신이 아이에게 그림을 그릴 것을 기대하고, 아이가 어느 순간 새롭게 습득한 능력 덕분에 당신의 기대에 부응하면, 그때부터 아이는 화가가 됩니다. 두 살 무렵 아이는 일상에서 상징을 생각하고 사용하기 시작합니다. 따라서 단지 눈앞에 있는 모델만 모방하는 것이 아니라 눈앞에 없는 모델도 기억하거나 모방할 수 있습니다. 아이가 인형을 가지고 놀면서 선생님을 흉내 내는 걸 본 적이 있을 겁니다. 아이는 구체적인 물체를 조작하는 것에 만족하지 않고, '역할 놀이'를 하기 위해서 하나의 물체를 본래의 기능에서 분리하기도 합니다. 예를 들어, 빗자루는 기사 놀이를 할 때 진짜 말보다 훨씬 더 낫습니다.

지금 이 순간에도 그림을 그리고 싶은 아이의 욕구는 싹트고 있습니다. 그것을 유지하고 강화하는 것이 교사와 부모가 해야 할 일입니다.

교사와 부모를 위한 조언

돋아나고 있는 풀에 물을 주듯이 아이를 충분히 격려해 주세요. 칭찬은 아이에게 보상이 됩니다. "엄마한테 예쁜 그림을 그려 주겠니?" "이건 뭐야?" "사람을 그렸구나"와 같은 관심은 아이가 여전히 긁적거리는 상태라 하더라도 만족스럽게 계속 그림을 그리게 만듭니다. 단, 인내심을 갖고 충분히 기다려 주세요.

아이가 하는 말에 귀를 기울여 보면 표현에 대한 의도가 싹트고 있음을 알게 됩니다. 물론 이 것은 대부분 아주 시적인 표현이라, 상상력을 발휘해야만 이해할 수 있답니다.

우아! 아이가 그림을 그린다, 정말로!

아이의 그림은 천천히 조금씩 발달하기 때문에, 긁적거리기에서 그림으로 넘어가는 시점을 정확하게 말하기란 쉽지 않다. 하지만 의심의 여지가 없는 순간이 있다. 아이가 그린 원과 몇 가지 선이 사람, 태양 혹은 중요하지 않은 무언가와 닮았다고 느끼는 순간이 찾아온다. 세 살에서 다섯 살 정도가 되면, 아이는 그동안 부족했던, 타인으로부터 비슷하다고 인정받을 수 있을 정도의 그림을 그려내는 능력을 얻게 된다. 그간의 꾸준한 긁적거리기를 통해 모든 방향으로 선을 그리고, 기하학 도형을 그릴 수 있게 된 것이다.

모든 방향의 선

그림 6. 로잘리아(3세 10개월)가 그린 화환과 이안(4세)이 그린 물고기 비늘.

아이는 도화지의 위에서 아래로, 왼쪽에서 오른쪽으로 선을 그리는 법을 배운다. 사선, 십자선, 지그재그선, 물결선 등을 이용해 크리스마스트리 장식과 부활절 달걀, 물고기 비늘, 지붕의 기와를 그리면서 다리와 고리, 나선 그리는 연습을 한다. 이러한 연습을 통해서 아이는 형태가 있는 그림을 그리기 시작하고, 곡선형 글자를 쓸 수 있는 운동 능력을 갖추게 된다.

단순한 형태
다음의 기준을 살펴보자.

기하학 도형 그림의 발달 과정

형 태	연 령	해 석
원	3세	처음으로 양 끝이 맞닿은 형태로 그린다. 그림에 입문할 수 있는 비결이다.
십자형	3세	직각의 교차를 배운다.
정사각형		곡선과 직선의 형태를 구별한다.
원/타원 정사각형/직사각형	4~5세	면적에 따른 차이를 알게 된다.
정사각형/정삼각형		모서리 개수에 따른 차이를 알게 된다.
마름모꼴	7세	아이가 기울어진 선분을 그리기란 너무 어렵다.

세 살 무렵 처음으로 원을 그리는 데 성공하면, 아이는 그 뒤로 이어지는 모든 그림을 그릴 수 있게 된다. 원은 아이가 그림에서 가장 먼저 배우는 형태다. 이 순간부터 당신은 진짜 화가와 마주하게 된다.

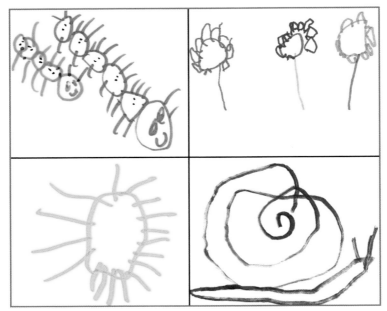

그림 7. 로잘리아(4세)가 그린 애벌레와 꽃, 로리스(4세 6개월)가 그린 태양,
엘리즈(3세 6개월)가 그린 달팽이.

선과 기하학 도형의 다양성을 고려해 볼 때, 세 살에서 일곱 살 사이에 아이는 대략 서른 개 정도의 형태를 서로 결합하여 의미를 부여한다. 원을 나란히 배열하여 애벌레를 표현하고, 큰 원 주위에 작은 원들을 그려서 꽃을 표현한다. 하나의 원을 중심으로 밖으로 뻗어 있는 선들은 태양을 나타낸다. 원형 곡선은 달팽이 집을 탄생시킨다. 머지않아 아이는 두 개의 원과 몇 개의 선으로 사람을 만들고, 사각형과 삼각형을 이용해 집을 만들 것이다. 이러한 결합은 끝없이 이어진다.

그림 속에 나타난 태양

그림 7의 로잘리아처럼 원과 선을 결합하여 방사형을 표현할 수 있게 되면, 아이는 거의 모든 그림에 태양을 그려 넣는다. 즉, 아이가 그린 풍경 그림에는 반드시 태양이 나타난다.

방사형은 아이가 가장 광범위하게 적용할 수 있는 형태 중 하나다. 방사형은 그리기 쉽고 미적으로 균형감이 있으며 표현력 또한 뛰어나서, 앞으로 어린 화가는 지나칠 정도로 자주 이 형태를 써먹게 될 것이다. 아이는 흔히 태양, 꽃, 나뭇가지, 바큇살, 거미줄, 두족인, 머리 위의 머리카락, 손가락과 발가락, 속눈썹, 최초의 동물 그림 등에 방사형을 적용한다.

그림 8. 로잘리아(4세)가 태양을 넣어서 그린 그림.

참고 자료 : 움직임에 대한 문법

당신은 어떤 방식으로 그림을 그리고, 아이는 어떤 방식으로 그림을 그리는가? 일종의 그래픽 문법이라고 할 수 있는 규칙성을 찾아보기 바란다. 몇몇 규칙들을 알아보자.

선의 규칙

출발 규칙

1. 가장 높이 있는 점에서 시작한다.
2. 가장 왼쪽에 있는 점에서 시작한다.
3. 수직선으로 시작한다.

진행 규칙

4. 왼쪽에서 오른쪽으로 수평선을 그린다.
5. 위에서 아래로 수직선을 그린다.
6. 삼각형처럼 꼭짓점이 있는 형태를 그릴 때는, 위에서 시작하여 왼쪽 사선을 먼저 그린다.

전략

7. 종이에서 크레파스를 떼지 않고 연속적으로 그린다.
8. 기존의 선에 다른 선을 이어 준다.
9. 평행선을 연속적으로 그린다.

다음 정사각형 그림에서 이 규칙을 찾아보자.

정사각형 그리기

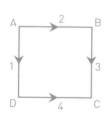

- 점 A에서 출발하여 선분 AD를 그린다(규칙 1, 2, 3).
- 선분 AB와 선분 BC를 크레파스를 떼지 않고 연속적으로 그린다 (규칙 4, 5, 7, 8).
- 선분 DC를 그린다(규칙 4).

혹은

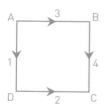

- 점 A에서 출발하여 선분AD와 DC를 그린다(규칙 1, 2, 3, 4, 5, 7).
- 선분 AB와 BC를 크레파스를 떼지 않고 그린다(규칙 4, 5, 7, 8).

집을 그릴 때는, 규칙 6에 따라 뾰족한 지붕을 그릴 것이다.

원 그리기

시계의 문자판 위로 11시에서 5시까지 이어지는 가상의 선이 있다고 상상해 보자.

A: 선의 오른쪽에 있는 점에서 출발한다면, 반시계방향으로 그리게 된다.

B: 선의 왼쪽에 있는 점에서 출발한다면, 시계방향으로 그리게 된다.

일곱 살 미만의 아이들은 원을 그릴 때 원칙 A 또는 B를 따르지만, 일곱 살부터 아이들은 원칙 A에 따라, 위에서 출발하여 반시계방향으로 그린다.

이러한 규칙들은 가장 효율적인 동작(최소한의 노력과 움직임)으로 정확하게 그림을 그릴 수 있게 한다. 나이가 들고 연습을 거듭하면서, 아이는 이 규칙들을 사용하고 차츰 모든 형태에 적용한다.

원의 양 끝이 잘 맞닿아 있지 않다면

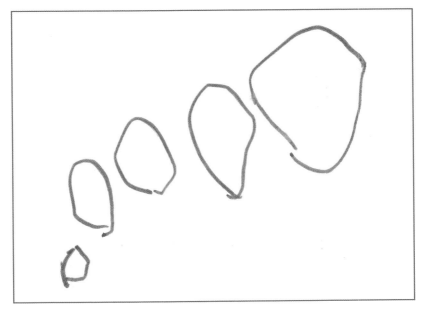

그림 9. 니콜라(3세 7개월)가 그린 원.

원의 양 끝을 잘 맞닿게 하려면, 아이는 출발점을 목표로 하여 정확한 순간에 동작을 멈추어야만 한다. 이것은 정확한 동작과 엄청난 주의력을 요구한다. 네 살짜리 아이들 중 절반은 원의 끝을 정확히 맞닿게 그리지 못한다.

문제는 출발점을 목표로 회전하는 원칙을 따르지 않을 때 더욱 커진다.

직접 실험해 보자. 오른손으로 위쪽(1시 위치)에서 출발하여 시계방향(원칙을 따르지 않는 경우) 혹은 반시계방향(원칙을 따르는 경우)으로 원을 그려 보자. 반시계방향으로 원을 그릴 때, 도착점을 더 잘 볼 수 있으므로 원의 끝을 잘 맞닿게 할 수 있다. 게다가 이 방식은 출발점에서 손목을 약간 비틀어야 하기에, 도착점에서 손목은 선을 그리는데 유리한 안정적인 자세가 된다.

이 동작은 우리가 뒤집어 놓은 유리잔에 물을 따라서 마실 때와 비슷하다. 이럴 경우 처음에 손을 돌려서 유리잔을 붙잡기 때문에 물을 마실 때 손은 안정적인 자세를 유지하게 된다. 따라서 편안하게 물을 마실 수 있다.

교사와 부모의 질문

Q) 우리 아이는 왼손잡이인데요. 오른손잡이가 된다면 그림을 더 잘 그릴 수 있을까요?

A) 인체의 기능적 비대칭은 그림의 질에 아무런 영향을 끼치지 않습니다. 블라코스(Vlachos)와 보노티(Bonoti)[2]는 네 개의 그림(사람, 집, 집 앞의 나무, 배를 타고 있는 사람)으로 일곱 살에서 열두 살까지 아이들의 그림 그리는 능력을 비교했습니다. 그 결과, 그림의 질은 아이가 어느 쪽 손을 사용하느냐와 무관하며, 연습만 한다면 나이를 먹으면서 점차 좋아지는 것으로 드러났습니다.

---

2. 이 책의 뒷부분에 각 장과 관련된 참고 문헌을 따로 정리하였다.

교사와 부모를 위한 조언

당신의 아이가 어떤 손으로 크레파스, 물잔 혹은 칫솔을 쥐는지 살펴보세요.

아이와 나란히 앉아서 아이에게 다양한 신체 부위를 보여 달라고 말해 보세요(오른손, 왼발, 오른쪽 귀, 왼손, 오른발, 왼쪽 귀).

아이와 마주 서서 당신의 신체 부위를 먼저 보여 주고, 아이에게 같은 부위를 보여 달라고 해 보세요.

아이 앞에 크레파스, 지우개, 줄자를 나란히 펼쳐 놓고, 기준이 되는 사람을 중심으로 물건이 어느 쪽에 있는지 물어보세요.

아이의 대답을 다음과 같이 세 가지 단계로 정리할 수 있습니다.

- 여섯 살 미만의 아이는 '오른쪽', '왼쪽'이라는 단어를 알고 있지만, 이와 관련된 질문에 정확하게 대답하지 못합니다.

- 여섯 살 이후 아이는 오른쪽과 왼쪽을 가리키는 용어가 신체의 어느 부위에 해당하는지 확실하게 알지는 못하지만, 대략 이해합니다. "나에게 오른손을 보여 줘"와 같은 요구에 응하기 전, 아이는 몇 초 동안 생각한 후에야 어떤 손을 내밀어야 할지 확신합니다.

- 여덟 살 혹은 아홉 살부터 아이는 마주한 사람의 위치에 대해서 상대적으로 생각할 수 있게 됩니다. '너의 왼쪽에 있는 것은 나의 오른쪽에 있는 것이다'라고요. 그리고 두 개의 다른 물체 사이에 있는 물체는, 한 물체의 오른쪽인 동시에 다른 물체의 왼쪽에 있을 수 있다는 것을 이해하게 됩니다.

연습 놀이

아이에게 원을 가지고 놀게 하세요. 원을 여러 개 결합하여 자유롭게 그림을 그리게 한 후, 그 의미를 물어보세요.

마름모는 아이가 그리기엔 어렵습니다. 마름모나 정사각형을 보면서도 쉽게 따라 그리지 못합니다. 그럴 때는 아이에게 점선으로 그려진 밑그림을 따라 그리게 해 보세요. 이번에는 분명히 성공할 겁니다. 아이가 느끼는 문제가 단지 선을 그리는 것에만 해당하는지 알려면, 이쑤시개로 마름모를 만들어 보게 하세요. 만약 머뭇거린다면, 문제는 아이가 마름모를 마음속으로 완벽하게 떠올리기 힘들다는 데 있습니다. 하지만 걱정하지 마세요. 대부분의 아이가 겪는 형태를 추상화하는 어려움은, 단순히 시각적 인식을 연장하는 문제가 아니라 공간 구조를 마음속으로 재구성하는 문제니까요. 우리는 5장에서 집 지붕 위의 굴뚝 그림을 통해서 경사면을 다루기 힘들어하는 아이들의 사례를 살펴볼 것입니다.

그림의 색깔은 어린 시절을 반영한다

선의 색깔과 면의 색깔

아이가 그림을 그리기 위해서 크레파스 색깔을 바꾸지만, 그림에 색칠은 하지 않는다면? 이것은 네 살 난 아이들이 그림을 그릴 때 보여 주는 전형적인 행동이다. 그림 8에서 로잘리아는 서로 다른 일곱 가지 색깔의 펜으로 풍경을 그렸다. 하나의 요소에 하나의 색깔을 사용했지만, 색칠을 하지는 않았다. 로잘리아는 그림이 선들의 집합체이며, 그림을 그리는 것은 검은색 태양, 갈색 줄기, 초록색 잎과 같은 각 요소를 한데 모아두는 거라고 생각한다. 나중에 나올 그림 18의 처음 그린 사람 그림에서도 이와 비슷한 예를 관찰할 수 있다.

색깔을 어떤 용도로 사용하는가?

우연한 사용

"파란색을 칠하려는 순간에 몇 번이나 파란색이 없었다. 그래서 파란색 대신에 빨간색을 칠했다."

— 피카소(Picasso)[3]

3. 마티스-피카소 전시회 카탈로그, éditions de la Réunion des museés nationaux, Paris, 2002, p. 288.

당신의 아이 또한 파란색이 없어서 빨간색을 칠하거나, 손에서 가장 가까이에 있는 색연 필을 쥐었을 것이다. 따라서 그림에 사용하는 색깔의 의미를 해석할 때는 좀 더 신중할 필 요가 있다.

장식적 사용

그림 10. 엠마뉴엘(6세).

다섯 살에서 일곱 살 사이의 아이는 색깔의 장식적인 기능을 이용하기 위해서 자신의 의 지에 따라 색깔을 고른다. '예쁘게 꾸미기' 위해서 말이다. 함께 사용할 때 나타나는 색깔의 대조가 아이를 더욱 흥미롭게 만든다.

통념에 따른 사용

아주 이른 시기부터 아이의 그림에는 통념에 따른 제한적 요소가 나타난다.

4~5세	파란색 물과 하늘, 노란색 태양, 초록색 풀과 잎, 갈색 줄기, 분홍색 피부.
6~8세	'사실적인' 모습의 동물, 파란색 구름, 온갖 색깔을 다 사용하여 그리는 지붕.
8세 이후	통념에 부합하는 색깔, 빨간색 지붕, 파란색 하늘에 흰색 구름.

그림 11. 마라(7세 4개월)가 그린 파란 하늘 속 하얀 구름.

형상을 표현할 때 색깔은 그려놓은 모양에 의미를 더하거나 강조하고, 그려놓은 대상을 분명하게 인식하는 데 결정적 역할을 한다. 예를 들면, 이 책의 표지 그림에서 나뭇잎 속 작고 동그란 붉은색은 체리지 사과가 아니다.

그림 11에서 마라의 그림을 보면, 이전에는 하얀색 바탕에 늘 파란색이던 구름이 파란색 바탕에 흰색으로 달라졌다. 산에서 흥미로운 점은, 두 마리 마멋의 집이 보이도록 투명하게 그렸다는 것이다.

표현을 위한 색깔의 사용

버킷Burkitt과 그의 동료들은 네 살에서 열한 살 사이의 아이들을 대상으로 다음과 같은 실험을 했다. 취향에 따라 열 가지 색깔을 분류한 다음, 한 가지 같은 주제(사람, 개, 나무)에 대해서 '심술궂은', '일반적인', '친절한' 버전으로 미리 그려둔 세 장의 밑그림에 색칠하도록 했다.

그 결과, 모든 연령대의 아이들이 '친절한' 그림을 색칠하기 위해서 가장 좋아하는 색깔을 사용했고, '심술궂은' 그림을 색칠하기 위해서 가장 싫어하는 색깔을, 그리고 '일반적인' 그림을 색칠하기 위해서 중립적인 색깔을 사용했다는 사실을 알게 되었다. 따라서 어떤 그림에서든지 표현력이 부족한 색깔이란 없다. 표현력을 결정하는 것은 그림을 그리는 '아이'다.

그냥 지나치지 말자

그림 12는 색칠하기의 발달 과정을 보여 주는 예다.

그림 12. 안의 색칠하기 : 물고기(3세 6개월), 나비와 어릿광대(4세 6개월), 책가방(5세).

색칠하기 실력은 세 살 혹은 네 살부터 여섯 살 사이에 많이 좋아진다. 손동작, 집중력, 주의력을 조절할 수 있게 되면서 아이는 색칠할 준비를 해 나간다. 하지만 이때 아이가 사용하는 도구의 품질이나 적합성도 중요하다.

만일 그림의 크기가 작다면 구석구석 색칠하기가 쉬울 것이다. 특히 굵은 펜을 사용한다면 더욱 그러하다. 이때는 색칠이 바깥으로 비죽 튀어나오지 않도록 주의해야 한다.

만일 그림의 크기가 크다면 그림 밖으로 색칠이 튀어나오지 않게 하기는 쉽지만, 구석구석 다 칠하기가 힘들어진다. 특히 펜이 가늘거나 잉크가 살짝 말라 있다면 더욱 그러하다.

요약하면, 여러 요소들이 달라지므로 그림을 그릴 때마다 아이가 원하는 효과를 늘 얻지는 못한다.

교사와 부모의 질문

Q) 그림을 그릴 때 아이가 색칠을 하도록 격려해야 할까요?

A) 그렇습니다. 색칠하기는 인간의 지능과 사고력 발달에 도움이 됩니다. 색칠하기 활동이 스트레스가 많은 어른에게는 마음의 평화를 느끼게 해 주고, 흥분되는 놀이를 한 아이에게는 차분함을 선물해 주는 것은 이런 이유 때문인지도 모릅니다. 색칠하기는 아이가 개발해야 하는 자질인 끈기, 주의력, 집중력을 고르게 요구합니다.

색칠하기는 글을 쓸 때 사용하는 근육을 훈련하는 효과도 있습니다. '색이 나타나게 하려면' 크레파스를 충분히 강하게 눌러야 하지만, 부러질 정도로 지나치게 강해서는 안 됩니다. 결과가 만족스러우려면, 크레파스가 같은 곳을 여러 번 왔다 갔다 하지 않도록 주의하면서 표면을 골고루 칠해야 합니다. 어디에서 시작해야 할지 목표 지점을 정하고, 색이 바깥으로 비져나오지 않도록 동작 사이의 간격을 잘 예측할 수 있어야 합니다.

아이는 색칠하면서 다양한 색감을 경험하고 비교합니다. 아이는 발달 단계와 상황에 맞게 변하는 기준에 따라 색깔을 고를 것입니다. 다시 말해서, 색칠하기는 재미있는 시각적 효과를 만들어내고 미적 감각을 훈련하기에 좋은 활동입니다.

교사와 부모를 위한 조언

아이가 가장 자주 사용하는 색깔은 무엇인가요? 아이의 크레파스(색연필) 상자를 관찰해 보세요. 크레파스의 길이나 닳은 정도를 보면 쉽게 파악할 수 있습니다.

마티스(Matisse)가 화가가 되어야겠다고 결심하게 된 계기가 무엇인지 아나요? 엄마가 선물한 크레파스 한 상자였습니다. 미래의 마티스를 놓치는 실수를 범하지 마세요. 아이에게 좋은 품질의 수성 펜과 색연필, 크레파스를 선물해 주세요.

세 살부터 일상적인 활동을 색깔과 결부시켜서 말해 주세요. 예를 들면, "오늘 너는 '여름 하늘처럼 파란' 바지와 '토마토처럼 빨간' 셔츠를 입었구나"와 같이 말할 수 있겠지요.

연습 놀이

색칠하기는 지루할 수 있습니다. 그림 12에서 얀이 그랬던 것처럼 아이에게 암호가 숨어 있는 색칠하기를 제안해 보세요. 아이는 결과를 알고 싶어서라도 끝까지 색칠하려고 할 겁니다.

그림 13. 마라(5세 4개월)가 그린 무지개.

마라처럼 무지개를 그리다 보면, 색깔의 다채로움을 확실하게 배울 수 있습니다.

그리는 것은 어떤 의미일까

설명을 계속하기에 앞서, 도움이 될 만한 그림과 관련된 개념을 살펴보자.

뤼케Luquet가 1세기 전에 발표한 '사실주의' 개념은 이미 널리 알려져 있다. 사실주의는 아이의 그림이란 '표현하고자 하는 대상의 시각적 특징을 그래픽으로 해석한 것'이라는 정의를 전제로 한다. 뤼케는 그림의 발달 과정을 네 가지 종류의 사실주의로 세분화한다.

1. 우연적 사실주의 : 자신이 그린 그림과, 이미 알고 있던 어떤 대상 사이의 유사성을 우연히 발견한다.
2. 결점 있는 사실주의 : 대상을 그림으로 제대로 표현하지 못한다.
3. 지적 사실주의 : 어떤 대상을 그릴 때 그 대상에 대해서 알고 있는, 보이지 않는 요소까지 그린다.
4. 시각적 사실주의 : 보이는 대로 똑같이 그린다.

아이의 그림에 대한 사실주의에 근거한 해석은 일반 상식과 다를 바 없다. 그렇다고 해서 정확한 해석이라고 말할 수 있을까?

현실의 시각적 특징에 대한 해석

아래의 세 가지 관찰에 관해 먼저 생각해 보자.

첫 번째 관찰 : 마치 비가 내리듯 태양이 내린다!

그림 14. 니콜라스(5세 5개월)와 사만다(10세).

하나, 둘, 셋…… 여러 개의 태양이 그려져 있다. 네 살에서 열 살 사이의 다른 많은 아이들과 마찬가지로 니콜라스와 사만다 역시 여러 개의 태양으로 그림을 장식했다. 하지만 현실에서는 단 하나의 태양만이 빛날 뿐이다.

두 번째 관찰 : 말리 아이의 그림과 프랑스 아이의 그림 비교

랑신Ranchin은 비교 연구를 통해서, 프랑스 아이들이 자유롭게 그린 그림 중 절반 이상에서 태양이 등장한 반면, 말리 아이들이 자유롭게 그린 그림에는 이보다 열 배나 적게 태양이 등장한다는 사실을 관찰했다. 하지만 실제로 말리는 화창한 날씨인데 반해, 프랑스는 종종 구름 낀 날씨를 보인다.

이 두 가지 관찰은 사실주의 개념에서 볼 때 모순이라고 할 수 있다.

세 번째 관찰 : 프랑스에서 방사형은 문화적 상징이다

프랑스에서 아이들은 유치원에서부터 방사형을 '태양'의 의미와 관련하여 배운다. 그 후로도 방사형은 아이가 참고하게 되는 모든 그래픽 모델에서 '태양'을 나타낸다. 이와 반대로 아프리카 국가에서는 방사형을 학교에서 잘 가르치지 않으며, 아이가 사용하는 그래픽 환경에서도 잘 나타나지 않는다. 현실에서는 프랑스보다 말리에서 태양이 훨씬 많이 등장하지만, 그래픽 환경에서는 말리에서보다 프랑스에서 태양이 훨씬 더 많이 등장한다. 하지만 중요한 것은 그래픽 환경이다. 이러한 관찰을 통해서, 아이의 그림이 현실에서 보는 사실적 형태를 그대로 반영하기 보다는, 현실을 표현하거나 의미를 부여하는 그래픽 언어에 더 가깝다는 사실을 알 수 있다.

> **ZOOM : 문화적 상징**
>
> 태양이 아이의 그림 속에 등장하는 유일한 그래픽 기호는 아니다. 아이의 그림을 관찰하다 보면, 이모티콘(☺), 하트(♥, 그림 67), 별(☆), 하늘을 나는 새(V), 가는 끈으로 묶인 선물 상자(그림 74), 크리스마스트리(그림 74), 산꼭대기의 눈 축제(그림 11) 등을 발견하게 된다.

그래픽 언어로서의 그림

여러 개의 태양을 그리려는 의도와 태양을 방사형으로 표현하려는 생각은, 아이가 하늘에서 빛나는 태양을 보았기 때문이 아니다. 아이가 태양을 자신에게 익숙한 방사형으로 표현하는 것은 어른들이 마련해 준 그래픽 환경이나 수업 때문이다.

아이가 꽃을 그리기 전에 꽃의 구조를 분석할까? 그렇지 않다. 그림 7에서처럼 아이는 단순히 몇 가지 형태를 결합할 뿐이다. 즉, 긴 선 끝에 하나의 원을 그린 다음, 원 주위에 여러 개의 작은 모양을 그려 넣었다.

세상은 형태와 색깔을 통해서 그림으로 표현된다

우리는 언어적 표현에 관해 논하듯이 그래픽 표현에 관해서도 논할 수 있다. 문장 규칙에 따라 단어들을 모아서 문장을 만들고 또다시 문단을 이루면서, 우리는 글을 쓴다. 이와 마찬가지로 일정한 규칙에 따라 그래픽 기호(원, 선, 사각형 등)를 결합해서 상위 기호(방사형)를 만들고, 이를 바탕으로 하나의 그림을 그린다. 몇몇 음표들이 멜로디를 이루고 몇몇 문장들이 시가 되는 것과 같은 방법으로, 몇몇 형태들이 모여서 그림을 만든다.

그런데 현실의 시각적 특징을 반영한 그림은 발달 과정을 거치다가 결국 그래픽 언어의 위력에 굴복한다.

아이는 두 살부터 네 살 사이에 의식적인 노력이나 공식적인 학습 없이 언어를 습득한다(아이는 한 살부터 옹알이하기 시작하고, 한 살 반이나 두 살부터 단어를 조합하여 말하고, 두 살이나 세 살부터 문장을 말하기 시작한다). 핑커Pinker가 이렇게 말했다. "세 살 난 아이는 문법에서는 천재지만, 시각 예술에서는 완전히 무능하다."[4]

세 살 혹은 네 살 무렵 현실을 단순한 형태로 축소하여 그린 그림부터, 열두 살이나 열세 살 무렵에 그린 정교한 그림에 이르기까지, 아이가 그래픽 언어를 배우는데 10년이라는 시간이 걸린다. 이러한 발달 과정을 사람, 동물, 집, 풍경 그림을 통해서 살펴보려고 한다.

가장 현실적인 개념

아이의 그림에 대한 초기 연구에서 선구자들은 그림을 하나의 그래픽 언어로 생각했다. 그중 가장 많이 받아들여진 개념이 뤼케의 사실주의 개념이다. 최근에는 언어 습득에 대해서 촘스키Chomsky가 채택했던 것과 비슷한 생득설의 입장이 콘Cohn에 의해서 제안되었다.

콘의 주장에 따르면, 아이는 그림을 그릴 수 있는 능력을 갖고 태어나기 때문에 또다시 배울 필요가 없다. 아이는 '단지' 자신이 속한 문화적 환경에서 그래픽 언어의 특수한 규칙을 습득하기만 하면 된다.

능력을 타고났다는 관점에서 볼 때, 어린아이의 그림이 나타내는 보편적인 경향을 설명할 수는 있다. 하지만 공들여서 그린 그림(그림자가 있고 원근감이 표현된 풍경 등)은 그림에 대한 문화적 관습이나 기술의 습득을 요구하므로, 이 주장으로는 설명이 어렵다.

---

4. Pinker S, L'instinct du language, p. 17.

아이의 삶에서 그림이 전부일까?

어떤 아이들은 그리는 것을 좋아하고 아주 많이 그리지만, 또 다른 아이들은 관심의 대상이 다르다. 그림에 대한 욕구 역시 시기에 따라 다르다. 아이들은 규칙적으로 새로운 활동을 탐색하고 새로운 능력을 습득한다.

유치원에 가면 아이는 퍼즐을 배울 수도 있고, 글을 배우면서 책 읽는 즐거움을 발견할수도 있다. 또한, 수영하는 법이나 자전거, 롤러스케이트를 타는 법도 배운다. 즉, 아이의삶에는 그림만큼 재미있는 활동이 무수히 많다.

교사와 부모의 질문

Q) 실제와 그림이 비슷하다는 느낌은 어디에서 오는 걸까요?

A) 현실과 상상은 그림을 그리고 싶은 의도를 자극합니다. 하지만 현실에 관한 그림이 꼭 사실적이라고 할 수는 없습니다.

그림을 그리는 사람과 그것을 보는 사람이 공유할 수 있는 의미 관계를 만들기 위해서, 유사성이 필요한 게 아님을 앞에서 살펴보았습니다. 처음으로 그림을 그리기 시작한 아이는 주관적인 유사성에 만족하고, 우리는 이러한 주관성을 인정해 줄 따름입니다.

아이의 그림은 현실과 비슷한 게 아니라, 그것이 표현하는 '그래픽 모델'과 비슷합니다. 다시 말해, 우리는 아이가 그린 그림이 현실과 실제로 닮았기 때문이 아니라, 그림을 구성하는 형태들의 의미를 알고 있기 때문에 현실과 닮았다고 느끼는 것입니다. 당신은 방사형이 의미하는 바를 알고 있기 때문에 아이가 그린 태양이 진짜 태양과 비슷하다고 생각하는 것이지요. 이것을 '통념에 따른 유사성'이라고 합니다.

우리는 이미지를 '읽는' 데 너무도 익숙해서 이미지를 읽는 능력을 아주 어려서부터 습득한다는 사실을 잊곤 합니다. 또한, 그 능력이 공동체가 가지고 있는 통념을 바탕으로 한다는 사실도 말이지요.

교사와 부모를 위한 조언

그림이 중요한 이유는 수천 가지가 넘지만, 크게 세 가지로 요약할 수 있습니다.

1. 유아기라는 긴 시기는 글을 배우기 이전의 시기입니다. 그 시기 동안 그림은 특별한 표현 수단이 될 수 있습니다.

2. 그리기를 좋아하지 않는 아이는 글쓰기도 좋아하지 않을 가능성이 있습니다.

3. 그림을 그리는 것은 앞으로의 학습에 필요한 상징화 능력 및 운동 능력을 개발하는 데 도움이 됩니다.

따라서 아이가 특히 그림 그리는 것을 좋아하지 않는다면, 더더욱 그림을 그리도록 격려할 필요가 있습니다. 그림에 대한 아이의 관심은 아이의 성격뿐만 아니라 부모의 기대와 권유에 달려 있습니다. 아이는 자신의 즐거움은 물론이고 부모의 즐거움을 위해서 그림을 그립니다. "우아, 네 그림 정말 예쁘구나!"라는 몇 마디 말이 모든 것을 변화시킬 수 있습니다. 아이가 조금 더 성장한 경우라면, 그에 대한 반응의 강도를 조절할 수 있겠지요.

연습 놀이

아이가 문을 통해서 그림이라는 세계로 들어오고 싶어 하지 않는다면, 창문을 통해서 들어올 수 있도록 해 주세요. 다시 말해, 그림과 비슷하며 그림으로 이어질 수 있는 접기, 자르기, 붙이기와 같은 활동을 제안하라는 뜻입니다.

다섯 살 무렵의 아이는 사실주의의 어느 단계에 해당할까요? 아이에게 자신이 알고 있는 특별한 집을 한 채 그려 보라고 하세요. 아이는 그것을 쉽게 표현하기 힘들어할 겁니다. 몇몇 세부적인 부분에서 아이는 머릿속에 가지고 있던 '상징적이면서도 보편적인' 범주에 속하는 집을 표현할 것입니다. 아이에게 문이 없어서 벽을 통해서 안으로 들어가야 하고, 커튼이 드리워진 큰 창이 높이 달려 있는 마법사의 집을 그려 보라고 제안하세요. 다섯 살 혹은 심지어 그 이상의 나이가 된 수많은 아이들이 계속해서 하나의 문과 두 개의 창문이 있는 '상징적인' 집을 그립니다. 이 문제에 대해서는 5장에서 집 그림을 다루면서 다시 살펴보기로 하지요.

2. 사람 그림과 그 발달 과정

세 살 혹은 네 살에 그린 사람

1장에서 우리는 초보 단계의 그림들을 살펴보았으며, 아이가 색깔을 어떻게 사용하는지 알게 되었다. 그 결과, 그림은 하나의 그래픽 언어라는 결론을 얻었다. 2장에서는 서너 살짜리 아이들이 처음으로 그리게 되는 '사람 그림'에 대해서 살펴보려고 한다.

사람의 탄생

'나'라는 단어를 말하기 시작하는 것과 더불어, 처음으로 그린 사람 그림은 아이가 자신의 정체성을 처음으로 표현하는 방법 중 하나다. 아이가 사람을 처음 그렸다면, 이는 매우 중요한 순간이다. 여전히 긁적거리기 수준에서 크게 벗어나지 못했지만, 사람 그림은 동그란 사람, 나열식 사람, 미완성된 사람 등 여러 가지 형태로 표현된다.

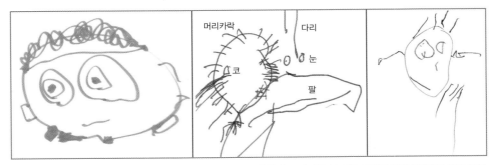

그림 15. 플로라(2세 9개월)가 그린 동그란 사람, 로맹(2세 10개월)이 그린 나열식 사람, 로빈슨(3세 1개월)이 그린 미완성된 사람.

동그란 사람

플로라가 그린 사람은 모두 동그란 형태에서 출발했다. 엄마의 권유로 플로라는 매일 긁적거리기를 했다. 한 살 반에 플로라는 자신이 그린 형태에 이름을 붙이기 시작하더니("이건 엄마예요" 등) 처음으로 사람을 그리기 시작했다. 플로라는 세 살을 몇 개월 앞두고 크고 동그란 눈, 입과 머리카락이 있는 아주 예쁜 사람 그림을 그렸다.

나열식 사람

로맹은 사람의 얼굴 각 부위를 그리긴 했지만, 어떻게 구성할지는 알지 못했다. 그림 15에서 원으로 그린 머리를 중심으로 방사형으로 뻗어 있는 머리카락에 주목해 보자. 종종 이런 유형의 그림에서는 각 부위에 대한 명칭이 그래픽 표현을 뒷받침해 주는 것처럼 보인다. 이렇게 구성 요소를 나열하는 방식은 어린아이의 그림에서 보편적으로 나타난다. 게다가 이러한 형태의 사람 그림은 다양한 시대와 지역에서 두루 관찰된다.

미완성된 사람

세 살 즈음 로빈슨은 양 끝이 잘 맞닿은 동그라미 형태를 그렸다. 그러더니 사람들이 격려할 때마다 로빈슨은 사람 그림을 그렸다. 그림 속에 나타난 사람은 미완성이긴 하지만, 충분히 성공적이라고 할 수 있다.

동그란 사람 그림에서 아이는 부분적 구성 요소는 잊어버리고 전체에 집중한다. 전체의 통일성은 잊은 채 부분적 구성 요소에 집중하는 나열식 사람과는 대조적이다. 미완성된 사람의 경우 아이는 부분과 전체의 조합을 시도하고 있다.

교사와 부모의 질문

Q) 아이가 그린 그림 중 알아볼 만한 첫 번째 그림이 대체로 사람인 이유가 있을까요?

A) 사람은 그림에 있어서 흥미로운 대상입니다. 한 문화권에서 그림의 가장 중요한 주제가 사람이라는 사실을 확인하려면, 박물관을 둘러보면 됩니다. 태어나면서부터 아이는 주위 얼굴들에 관심을 갖게 되고, 이러한 관심은 그림으로 이어집니다.

그런데 기억을 더듬어 볼 때, 다음과 같이 말하면서 아이를 격려하지는 않았나요?

"자, 사람을 한번 그려 볼래?"

어쩌면 아이가 일찍부터 사람 그림을 그리게 되는 이유는 이러한 부추김 때문이 아닐까요? 아이가 그리는 최초의 닫힌 형태인 원은 긁적거리기에서 그림으로 넘어가는 과도기에 나타납니다. 아이에게 원을 그리게 해 보세요. 그런 다음 몇 가지 요소(선, 점, 작은 원)를 덧붙이면 당신은 그 그림을 사람으로 해석하려고 할 것입니다.

"와! 네가 사람을 그렸구나."

ZOOM : 사람 그림이 압도적으로 많다

태어난 이후로 오랫동안 사람 그림은 아이들이 가장 좋아하는 주제다. 그것이 공주이건 전사이건 간에 이야기 속 주인공들은 아이의 그림을 설명해 준다. 아이들이 그린 그림 중 75%가 사람 그림이거나 사람이 포함된 그림이다.

교사와 부모를 위한 조언

처음으로 그린 그림에는 종종 설명이 뒤따릅니다. 어린 화가가 당신에게 들려주는 이런 이야기에 귀를 기울이고, 그것을 그림 뒷면에 빠짐없이 적어 놓으세요.
아이가 그린 사람 그림이 그 유명한 두족인 형태를 거쳐서 제대로 자리를 잡기까지, 몇 주 혹은 몇 달이 걸린답니다.

연습 놀이

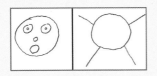

처음에 아이는 다양한 크기의 원을 그립니다. 무언가를 담고 있는 형태의 원(하나의 큰 원 안에 네 개의 작은 원을 그리면 얼굴이 됩니다)과 방사형과 결합한 원(하나의 원에서 뻗어 나가는 네 개의 선은 배와 팔다리를 나타냅니다)을 그림에서 찾아보세요. 얼마 지나지 않아서 아이는 이런 형태를 하나씩 결합해서 사람을 구성하는 방법을 깨닫게 됩니다.

그 유명한 '배가 없는 사람'에 대한 이야기를 들어본 적이 있을 것이다. 그런 사람을 가리켜 '두족인'이라고 한다. 도화지 위에 나타난 선들만 본다면, 단지 머리와 손발만 있으며 우리가 배라고 부르는 것은 그려져 있지 않지만, 이것은 분명 사람의 몸을 그린 그림이다.

그림 16을 살펴보자. 플로라가 그린 두족인은 팔이 없지만 모자를 쓰고 있다. 로잘리아가 그린 두족인은 마치 태양처럼 방사형으로 표현되었다. 얀의 두족인은 인류의 신체적 특징(직립 보행)을 나타내려는 듯 두 개의 긴 다리를 가지고 있다.

그림 16. 플로라(3세), 로잘리아(3세 6개월), 얀이 그린 두족인(3세 10개월).

배를 그리기 위한 필사적인 노력

그림 17에 나타난 사람 그림은 '유사 두족인'이라고 할 수 있다. 왜냐하면 이 그림들에는 이미 배가 그려져 있기 때문이다.

아이들은 두족인을 그린 다음, 배를 표현하기 위해서 나름대로 해결책을 찾았다. 팔을 종아리에 연결하고, 다리 사이의 빈 곳에 배꼽을 표시하거나 수직선을 그어서 배를 표시하였다. 그림을 다 그린 후에 원이나 직사각형을 추가로 그려 넣기도 했다. 때로 아이들은 원을 강낭콩처럼 길쭉하게 그려서 원의 윗부분에는 얼굴을 그리고, 아랫부분에는 배를 그리기도 한다. 이럴 경우 도화지 하단에 공간이 충분히 남지 않으므로 다리를 아주 짧게 그리기 십상이다. 이러한 그림들은 배가 있는 사람을 표현하고자 했지만, 여전히 두족인이라고 할 수 있다.

그림 17. 유사 두족인.

배보다 더 큰 눈

그림에는 이미 많은 요소가 들어가 있다. 그림 17을 보면, 두족인은 눈을 크게 뜨고 우리를 쳐다본다. 그나마 입은 아주 일찍 등장하는 편이다. 코나 머리카락, 팔은 대략 절반 정도만 그림에 나타난다. 손과 발은 더 드물게 등장한다. 하지만 배가 없다는 사실이 눈에 띈다.

아이는 사람이라면 머리와 다리 사이에 배가 있다는 사실을 알고 있으며, 매일 배가 있는 부모와 형제들을 본다. 그렇다면 아이들은 신체에 대해서 알고 있고 보고 있는 것들을 어떤 이유에서 그리지 않는 것일까?

아이가 처음으로 그린 두족인에 대해서 모두 만족해한다. 사람을 단순하게 표현한(이것은 보편적인 경향이다) 어린 화가나, 이 그림이 아이가 이뤄낸 최선의 결과임을 이해하는 주변 사람들 모두 말이다. 그런데 시간이 흐르면서 당신은 아이가 배를 그리지 않았다는 사실에 살짝 불안해한다.

"네가 그린 사람은 배가 없구나!"

아이는 이 말이 타당하다는 것을 받아들이고, 사람들이 자신에게 기대하는 바대로 그림을 그리려고 시도한다. 하지만 배를 어떻게 그릴까? 아이는 그림을 그리다가 적절한 순간에 배를 그려 넣어야만 한다. 머리를 그리고 나서 팔다리를 그리기 전에 배를 표현하는 원을 그려야만 한다. 유사 두족인은 이러한 조작이 아주 섬세하게 이루어진다는 것을 보여 준다. 그림이 발달하는 과정을 보면, 아이는 이와 비슷한 어려움에 자주 부딪힌다.

두족인과 신체 도식

선생님은 아이가 두족인을 그린다는 이유로 신체 도식을 제대로 형성하지 못했다고 말할지도 모른다.

그렇다고 하더라도 걱정할 필요는 없다. 사람 그림이 신체 도식(49쪽 ZOOM 참고)을 반영한다는 생각은 앞서 설명했던 내용과도 맞지 않는다.

그 이유로 적어도 두 가지를 들 수 있다.

1. 아이는 사람 그림을 그릴 때마다 자신이 알고 있는 신체에 대한 지식을 동원하지는 않는다. 아이는 그림으로 그리는 것보다 신체에 대해서 더 많은 것을 알고 있다. 그렇지만 단지 마음속으로 생각하던 사람의 형태를 그릴뿐이다.

2. 신체에 대한 지식을 동원하여 그림을 그린다고 하더라도, 아이가 그것을 그림으로 어떻게 표현해야 하는지 늘 아는 것은 아니다. 우리는 배를 그리려는 아이의 의도가 그것을 표현할 수 있는 실제 능력보다 앞선다는 사실을 이미 살펴보았다.

그림을 그리는 것은 세상을 알아가고 자신을 파악하는 하나의 방법이다. 사람을 그리면서 신체의 특징에 대해서 생각해 볼 수 있으므로, 사람 그림은 신체 도식을 형성하는데 기여할 수 있다. 6장에서 사람 그림이 아이의 성 정체성이나, 아이가 사회 속에서 자신을 표현하는 방식을 나타낸다는 사실을 살펴볼 것이다.

ZOOM : 신체 도식

우리와 마찬가지로 어린아이들은 공간 속에서 움직이고 사물을 조작하며 신체적 고통을 느끼는 동안에 자신의 몸의 특징에 대해서 생각할 기회를 갖는다. 신체 도식은 바로 이러한 생각을 가리킨다.

신체 도식은 자신의 신체를 구체적으로 인식하고 자아를 형성하게 하며, 주변 환경 속에서 자신의 자리를 확인하게 한다. 아이는 외부 자극을 수용하는 감각(시각, 촉각, 청각), 자기 수용성 감각[5](근육, 관절), 내수용성 감각[6](또는 잠재된 감각) 등을 통해 얻어진 정보를 통합하면서 자아를 형성한다.

신체 도식을 형성하는 과정은 한 살 쯤 자의식(아이가 거울에 비친 모습이 자신의 신체 일부라는 것을 이해한다)과 함께 시작되고 여섯 살 무렵 마무리된다. 그 후로는 일관되고 통일되며 안정적인 모습으로 나아가기 위해서 신체 도식은 끊임없이 재평가된다.

교사와 부모의 질문

Q) 모든 아이가 두족인 혹은 유사 두족인을 그리나요?

A) 프랑스 문화권 내에서는 두 살 반과 네 살 반 사이에 있는 아이들은 모두 두족인을 그립니다. 다만 수나 기간에 차이가 있을 뿐입니다. 두족인이 너무 자주 등장하는 바람에, 마치 사람 그림의 발달 과정에서 반드시 거치는 단계처럼 보이기도 합니다.

반대로 몇몇 아이들은 유사 두족인 단계를 건너뛰고 곧바로 배가 있는 사람을 그리기도 합니다.

---

5. 자신의 신체 부위의 상태나 변화를 직접 자극으로 수용하는 감각으로, 위치각이나 운동각이 이에 속한다 – 옮긴이주.
6. 신체 내부에 존재하는 감각기에서 생성되는 감각이다 – 옮긴이주.

교사와 부모를 위한 조언

어린 화가가 긁적거리기 수준으로 사람을 처음 그릴 때부터(세 살 경) 배가 있는 사람을 그리 릴 때까지(네 살 경)는 대략 1년이 걸립니다.

아이의 발달 단계를 참고하여 다음 날짜를 기록해 보세요.

- 최초의 알아볼 수 있는 사람을 그린 날.
- 최초의 두족인을 그린 날.
- 최초의 유사 두족인을 그린 날.
- 최초의 배가 있는 사람을 그린 날.

이 목록을 꼭 작성해 볼 것을 권합니다.

연습 놀이

만일 아이가 두족인을 그리면서 놀고 있다면, 다음과 같은 질문을 던져 보세요.

"두족인 뒤에 누가 숨어 있을까?"

중요한 것은 질문 그 자체가 아니라 당신이 아이와 함께 그림을 그리고 대화를 나눈다는 사실입니다. 만일 이런 질문들로 아이의 기분을 상하게 하거나 불안정하게 만들 우려가 있다면, 아이가 두족인을 그리는 것 자체를 즐기도록 그냥 내버려 두세요.

아이는 지금 어느 단계에 있나요?

다음 표를 완성하면서 현재 위치를 평가해 보세요.

아래 질문은 두족인을 그리는 어린 화가의 마음 상태를 더 잘 이해하게 도와줍니다. 이것이 비록 목표는 아니지만, 아이에게 생각해 볼 기회를 제공하여 발달을 도울 수 있습니다.

연습 놀이

두족인의 비밀에 대한 질문

	( )세에 작성했습니다.	네	아니오
1	신체의 필수 부위를 알고 있으며, 아이 자신이나 당신의 사진을 보면서 신체 부위를 가리키고 그 이름을 말할 수 있나요?		
2	커다란 원으로 사람의 배를 그린 다음 아이에게 이 원에 해당하는 것이 무엇인지 물어보면, 아이가 자신의 배를 가리키나요?		
3	사람을 그린 후에 여섯 조각(머리, 배, 팔 두 개, 다리 두 개)으로 자르세요. 아이는 이 퍼즐을 다시 하나로 맞출 수 있나요?		
4	만일 좋아하는 그림을 선택하게 한다면, 아이는 두족인을 고르나요?		
5	두족인 그림을 보면서 머리가 어디인지를 물어보면, 아이가 원을 가리키나요?		
6	같은 그림을 보면서 배가 어디인지 물어보면, 아이가 같은 원(혹은 다리 사이의 공간)을 가리키나요?		
7	아이가 배가 있는 사람 그림을 보면서 따라 그리지 못하나요?		
8	아이는 당신이 불러 주는 순서에 따라 적절한 위치에 배를 그려 넣지 못하나요? 순서 : 머리 – 배 – 팔 – 다리.		
9	당신의 도움이 없다면, 아이는 사람 그림을 그리는 적절한 절차를 계속 기억하지 못하나요?		

질문 1, 2, 3은 아이가 신체에 대해서 알고 있으며 그림으로 표현할 수 있는지 확인하는 항목입니다.

질문 4는 사람 그림을 표현하는데 결정적인 역할을 합니다.

질문 5와 6은 두족인 그림에 대해서 어떤 방식으로 개념화하고 있는지 평가합니다. 하나의 원은 머리를 표현하고 있지만, 어쩌면 배를 표현할 수도 있습니다. 이런 경우, 원과 방사형은 나란히 그려지는 것이 아니라 서로 겹쳐서 그려집니다.

질문 7, 8, 9는 배가 있는 사람을 그릴 수 있는지 평가합니다.

네 살에서 열 살 사이에 그린 사람

아이가 배를 적절한 순간에, 적절한 위치에 그리기 시작한다. 아이의 사람 그림은 이제 신체의 필수적인 부위를 갖추면서 통념에 부합하는 것처럼 보인다.

그러면 사람 그림은 어떻게 발달해 나갈까?

먼저 외모, 기형, 풍부한 세부 묘사, 옷 등 사람 그림이 다양한 측면에서 어떻게 발달하는지, 아이의 발달 과정에 나타나는 변천 과정을 따라가 보자. 아이의 그림에서 결정적인 변화는 대략 여덟 살을 기점으로 하는 전환기에 이루어진다.

통념에 따라 그린 사람

네 살에서 아홉 살 사이에 그리는 사람의 형태는 세 단계를 거치며 변화한다. 선으로 그린 사람, 면으로 그린 사람, 윤곽을 이어서 그린 사람이다.

그림 18-a. 로란느(3세 10개월)와 로잘리아(4세)가 선으로 그린 사람.

그림 18-b. 케빈(7세 2개월)과 얀(5세 9개월)이 면으로 그린 사람.

그림 18-c. 아르노(8세 2개월)와 로맹(7세 6개월)이 윤곽을 이어서 그린 사람.

선으로 그린 사람

그림 18-a는 네 살에서 다섯 살 사이 아이들이 주로 그리는, 선으로 그린 사람이다. 이 나이의 아이들이 주로 사용하는 그래픽 단어인 원과 선으로 사람을 그렸다. 그런데 이 철사 모양의 사람은 비물질적인 느낌을 준다.

로란느의 그림은 방사형이다. 배를 중심으로 팔과 다리가, 손을 중심으로 손가락이, 발을 중심으로 발가락이 각각 방사형으로 그려져 있다. 로란느는 마치 태양을 그릴 때처럼 남아 있는 공간만큼 선을 그려 넣었다. 따라서 각각의 손에 손가락은 여덟 개씩, 각각의 발에 발가락은 여섯 개씩이다. 공간이 허락하는 만큼 그림을 그려 넣는 것은 아이의 그림에서는 흔하다. 앞으로도 이러한 경향을 계속 발견할 것이다.

로란느와 로잘리아는 자기 뜻에 따라 여러 차례 펜의 색깔을 바꾸었다. 그림을 구분하는 색깔의 사용은, 각 요소가 하나씩 차례로 그려졌다는 사실을 말해 준다. 하나의 펜으로 머리를 그린 다음, 다른 펜으로 배를 그리고, 또 다른 펜으로 팔을 그리는 식으로 말이다.

면으로 그린 사람

그림 18-b는 다섯 살에서 일곱 살 사이에 그린 면으로 그린 사람이다. 팔과 다리가 면의 형태를 이루는 이중선으로 그려져 있다. 목 역시 이중선을 이용해 표현한다.

선으로 그린 사람과 면으로 그린 사람은 둘 다 구별되는 신체 부위를 나란히 배치하였다. 이때 선으로 그린 사람은 대개 옷을 입고 있지 않지만, 일부러 옷을 벗겨놓은 것이 아니기 때문에 이 사실이 눈에 띄지 않는다. 옷을 입고 있지 않다는 사실은 때로 배꼽으로, 더욱 드물게 젖꼭지로 강조되기도 하지만, 대체로 드러나지 않는다. 문화권을 초월한 이런 그림들은 사람이 '중성'적인 존재라는 아이의 생각을 나타낸다.

윤곽선으로 이어진 사람

여덟 살 정도에 흔히 그리는 그림 18-c를 보면, 보다 사람다운 윤곽선을 가지고 있다. 각신체 부위가 하나로 연결되어 있기 때문이다. 이러한 그림에서는 대체로 목이 나타나는데, 시각적 사실주의를 반영한 것이라기보다는 머리와 어깨를 연결하기 위한 목적에서 그렸다고 할 수 있다.

이런 그림은 사고 현장에 그려놓은 피해자의 몸과 같이, 보는 사람에게 공포감을 줄 수도 있다. 하지만 대체로 아이는 뚜렷이 구분되는 신체 부위들을 뚜렷한 윤곽선으로 결합하는 것을 더 좋아한다. 윤곽선을 그리기 위해서는 유연하고 지속적인 동작이 필요하다. 이때 글씨 쓰는 법을 배운 아이라면 유리하다. 아이가 사람 그림에 옷을 입힐 때, 윤곽선은 옷의 형태와 겹쳐지기도 한다.

ZOOM : 그림의 의미와 그리는 방법

반 소머즈(Van Sommers)로부터 영감을 받아서 정리한 다음 표는 세 가지 형태에 대해서 각각 두 가지 의미를 부여한 후, 그리는 방법을 설명하고 있다.

각 형태가 지닌 의미를 차례로 생각하면서, 두 번씩 따라 그려 보자.

형 태	의 미	그리는 방법
Ⅲ	로마 숫자 3	세 개의 수직선을 그린다. 그런 다음 두 개의 수평선을 그린다.
	눕혀진 사다리	두 개의 수평선을 그린다. 그런 다음 세 개의 수직선을 그린다.
N	알파벳 N	세 개의 선을 하나씩 차례로 그린다.
	누워 있는 알파벳 Z	하나의 연결된 선을 그린다.
(사람 그림)	과일 바구니	다음 순서에 따라 그린다. 그릇 – 다리 – 과일.
	사람	다음 순서에 따라 그린다. 머리 – 직선으로 이루어진 배 – 다리 – 팔.

의미의 변화에 따라 그리는 방법이 달라지는 것을 경험했을 것이다.

아이가 사람을 그리는 모습을 관찰해 보면, 당신과 마찬가지로 머리에서 시작해서 배를 그리고, 그다음에 팔다리를 그린다. 이러한 절차는 '사람'이 갖는 특징과 관련이 있다.

Q) 우리 아이들은 셋인데요. 같은 나이에 같은 형태의 사람을 그리지 않았습니다. 이것이 정상인가요?

A) 네! 아이마다 아주 큰 차이가 있습니다. 이것은 지극히 정상입니다. 모든 분야에서 몇몇 아이들은 다른 아이들보다 큰 성과를 나타내곤 합니다. 마찬가지로 그림에서 서로 다른 발달을 보여 주는 것 역시 당연한 일입니다.

여섯 살 난 아이들은 모든 형태를 그릴 수 있습니다. 절반 정도의 아이들은 면으로 사람을 그립니다. 그런데 어떤 아이들은 여전히 선으로 사람을 그리고 심지어 유사 두족인을 그리기도 하며, 또 다른 아이들은 윤곽선으로 이어진 사람을 그리기도 합니다. 윤곽선으로 이어진 사람을 그리는 아이들은 또래와 비교해 발달이 잘 이루어지고 있는 경우입니다. 이런 형태의 사람 그림은 대개 다섯 살부터 그리기 시작하여 여덟 살에는 대다수가 그렇게 그리며, 그 이후로 계속 유지됩니다.

연습 놀이

그리스 전설에 의하면, 사랑에 빠진 한 젊은 여인이 긴 여행을 떠나는 연인의 모습을 간직하기를 원했습니다. 그래서 그녀는 벽에 비친 연인의 얼굴 그림자를 분필로 윤곽에 따라 그렸습니다. 이 윤곽선이 바로 회화 예술의 기원이 되었습니다.

그림자놀이 혹은 실루엣을 그린 후 잘라낸 인형으로, 아이의 관심을 사물의 윤곽선으로 이끌어 보는 것도 좋습니다.

아이에게 그림 18-C의 사람을 보고 따라 그려 보라고 하세요. 이런 실루엣은 다섯 살 아이에게는 낯설지만, 여덟 살 아이에게는 익숙합니다. 그리고 아직 이런 그림을 경험하지 못했지만, 따라 그리기를 충분히 할 수 있는 여섯 살이나 일곱 살의 아이에게는 흥미를 줍니다. 이러한 그림을 따라 그리다 보면, 아이는 사람 그림을 신체 모든 부위를 통합한 하나의 윤곽으로 인식하게 됩니다. 이런 능력을 한번 습득하고 나면, 아이는 앞으로 그림을 그릴 때마다 이 방법을 계속 적용할 겁니다.

기형적인 사람

언뜻 보아도 이런 그림은 엉뚱하고 순진하고 당황스러우며, 부자연스러운데다가 그다지
중요해 보이지도 않는다. 팔이 아예 없거나 머리에 붙어 있으며, 머리가 배보다 크고 다리
는 너무 짧거나 너무 길다.

진단 : 별일 아니에요!

그림 19. 니콜라스(3세 10개월)와 로잘리아(4세).

그림 19에서 왼쪽 사람은 팔이 있기는 하지만 머리에 붙어 있다. 머리는 배보다 훨씬 더 크고 또 다리는 너무 짧다. 오른쪽 사람은 팔이 없고 배가 머리보다 더 작다. 그리고 다리는 훨씬 더 길다.

하지만 걱정하지 말자. 두 살 반부터 다섯 살 사이에 나타나는 이러한 그림은 일반적 현상이며, 신체 도식과 아무런 관련이 없다. 이제부터 하나씩 자세히 살펴보자.

팔이 머리에 붙은 사람

절차상의 실수

아이는 두족인을 그리는 방식으로 일반적인 형태의 사람을 처음으로 그리기 시작한다. 머리를 표현하기 위해서 원을 그린 다음, 배와 다리를 그리기 전에 팔을 머리에 연결한다.

연결 실수

아이는 팔을 가장 큰 원에 연결하는 경향이 있다. 만일 가장 큰 원이 머리라면 팔을 머리에 붙이게 되는 것이다. 니콜라스가 그린 사람 그림이 바로 그러하다.

머리가 너무 큰 사람

사람의 머리가 너무 크다고 놀라지는 말자. 덕분에 이것이 아이가 그린 그림이라는 사실을 알 수 있다. 일곱 살 무렵 아이들은 대부분 머리와 배의 비율을 지키지 않는다.

그림 19에서 로잘리아가 그린 팔이 없는 사람은 머리 크기가 거의 정상이다. 오히려 너무 작은 것은 배다. 키를 만족스러울 정도로 크게 표현하기 위해서, 로잘리아는 두 다리를 길게 그렸다.

아이는 머리가 배보다 더 작다는 사실을 알고 있다. 그렇다면 왜 머리가 더 커지는 것일까? 이 질문에 대해서 다음 두 가지 설명이 가능하다.

신중히 처리하기 위해서

머리의 윤곽 안에 아이는 눈, 코, 입을 다 그려 넣어야 하지만, 배에는 그릴 것이 없다. 아이는 얼굴의 세부적인 요소를 다 그려 넣기 위해서 머리를 크게 그리고, 더 이상 그려 넣을 것이 없는 배는 작게 그리는 것이다.

공간 활용의 실패

아이는 도화지 한가운데에 머리를 표현할 커다란 원을 그리는 것으로 그림을 그리기 시작한다. 그런 다음에는 어쩔 수 없이 배를 작게 그리고, 다리를 짧게 그릴 수밖에 없다. 만일 니콜라스가 머리와 비율을 맞춰서 배와 다리를 그리고 싶어 했다고 하더라도, 그릴만한 충분한 공간이 없었을 것이다.

다리 길이는 사용할 수 있는 공간에 달려 있다

공간 활용의 문제는 다리 길이에도 적용된다.

그림 20. 로맹(7세 4개월)과 세바스티앙(5세 9개월), 소피아(10세).

로맹은 개학하는 날 엄마와 아빠 사이에 있는 자신의 모습을 그렸다. 로맹은 자신의 머리를 엄마와 아빠의 머리보다 더 낮은 위치에 그리기 시작했기 때문에 몸통과 다리를 그릴 수 있는 공간이 충분히 남아 있지 않았다. 몸통의 윤곽이 사용할 수 있는 공간 전부를 차지하고 있다. 따라서 다리를 그릴 공간은 거의 남지 않았던 거다.

우리는 세바스티앙에게 키가 아주 큰 사람을 그려달라고 했다. 세바스티앙은 머리와 배를 높은 곳에 그렸다. 하지만 습관에 따라 늘 그리던 크기로 그렸다. 그러다 보니 사람의 키를 크게 표현하기 위해서, 세바스티앙은 다리를 길게 그릴 수밖에 없었다.

소피아는 독창적인 해결책을 찾아냈다. 무릎을 꿇고 있는 사람을 그린 것이다.

팔다리가 없는 사람

네 살이 된 아이들 세 명 중 한 명은 팔이 없는 사람을 그리지만, 여섯 살이 되면 팔이 없는 사람을 그리는 것은 드문 일이 된다. 손을 등 뒤로 감추고 있는 사람을 그리기 위해 일부러 팔을 안 그린 걸까? 치밀하게 계획해서 팔을 빠뜨린 경우라면 이는 죄책감을 나타내는 징후일 수 있지만, 일반적으로 아이는 종종 팔을 그리는 걸 잊곤 한다. 그러므로 다른 이유를 찾아보아야 한다.

그림 21에서 로잘리아가 둥글둥글하게 그린 사람을 보면, 팔이 있어야 할 자리를 머리카락이 차지하고 있다. 어떻게 해야 할까? 팔을 그리지 말아야 할까, 아니면 더 짧게 그려야 할까? 로잘리아는 오른쪽 팔은 생략하고, 왼쪽 팔은 남은 공간에 그렸다.

그림 21. 로잘리아(5세)가 그린, 긴 머리카락을 가진 초상화.

로잘리아는 머리카락 위로 팔을 그리지는 않았다. 왜냐하면 다른 아이들처럼 이 아이 역시 선이 겹쳐지는 것을 피했기 때문이다. 이것은 아이들이 그림을 그릴 때 보이는 보편적 경향이다. 각각의 요소는 적절한 위치를 확보해야 하며, 이웃하는 요소를 침범하지 않아야 한다. 따라서 선은 뛰어넘을 수 없는 물리적 경계로 인식된다. 그림 67에서 루안느의 그림을 살펴보자. 팔이 머리카락 선과 겹쳐지지 않으려고 원피스의 아랫부분에 달려 있다.

순서의 문제

다음 일련의 순서 중에서 팔을 빠뜨릴 위험이 가장 큰 경우는 몇 번일까?

1. 머리 – 얼굴 – **배** – **팔** – 다리
2. 머리 – **배** – 얼굴 – **팔** – 다리
3. 머리 – **배** – **팔** – 얼굴 – 다리
4. 머리 – **배** – 다리 – 얼굴 – **팔**
5. 머리 – **배** – 다리 – **팔** – 얼굴

답은 배를 그린 직후에 팔을 곧장 그리지 않는 경우(2번, 4번, 5번)다. 4번의 경우, 아이는 나머지 모든 요소를 그린 후에 팔을 그려야 한다고 생각하기 때문에 팔을 빠뜨릴 위험이 가장 크다.

ZOOM : 가장 그리기 쉬운 다리

위에서 아래로 그림을 그릴 때 다리는 머리와 배 다음으로 그리게 된다. 따라서 다리를 빠뜨리는 경우는 거의 없다. 배 아래로 연결되며 수직 방향으로 그려진다는 사실 역시 이와 관련이 있다. 단지 길이를 조절하는 것이 애매한 문제로 남는다.

아이가 팔을 빠뜨렸다면 부적절하게 그려질 확률이 훨씬 높다. 팔은 늘 적절한 위치에 그려지지 않으며 어떤 방향으로든 향할 수 있다. 아이의 발달 단계에 따라 팔이 향하는 방향은 달라진다. 네 살일 때 팔은 대부분 수평으로 그려지다가, 다섯 살에서 일곱 살 사이에는 아래쪽을 향해 비스듬하게 그려지고, 아홉 살부터는 몸 가까이에 수직으로 그려진다. 팔이 수직축을 중심으로 좌우대칭을 이룬다는 사실도 주목하자. 예를 들어, 우산을 들기 위해서 한쪽 팔을 올리고 있으면 다른 쪽 팔도 올리게 된다.

단, 이 설명은 정면을 바라보며 움직이지 않고 서 있는 사람을 그린 그림에만 해당한다. 3장에서 움직이는 사람을 그릴 때 상황이 더 복잡해진다는 사실을 확인하게 될 것이다. 그림 34를 보면, 다리는 앉거나 계단을 오르기 위해서 접히고 싶어 하지 않는다. 그림 36에서 아이스크림을 쥐고 있는 팔은 입에 닿기 위해서 터무니없이 길게 뻗어 있다.

교사와 부모를 위한 조언

그림은 아이가 그 순간에 느끼는 기분이나 불안, 욕구 또는 더 보편적인 성격적 특징까지도 투사하는 활동입니다. 이러한 측면에서 어떤 요소를 빠뜨리거나, 기형적이거나 비정상적으로 혹은 과장해서 그리는 것은 심리분석학의 관점에서 해석이 가능합니다. 하지만 이러한 해석은 심리적인 문제가 있다고 의심되는 아이에 한해서 심층적인 검사와 더불어 전문가가 판단해야 합니다.

당신은 아이를 잘 알고 있으며 아이가 그린 몇몇 그림의 특징은 당신이 보기에 의미 있어 보이기도 합니다. 하지만 반대로 생각해 보면, 아이를 알기 위해서 그림의 특징을 해석하는 것은 민감하고도 위험한 접근입니다. 즉흥적인 해석을 조심하세요. 특별한 문제가 없는 상황이라면, 그림에 대한 최고의 해석을 할 수 있는 사람은 바로 아이 자신입니다.

교사와 부모의 질문

Q) 결함이 있는 사람 그림에 관해 어떻게 이해해야 할까요?

A) 그것은 신체에 대한 아이의 지식과 아무런 관련이 없으며, 그림을 그리는 과정과 관련이 있습니다.

오래된 방식, 부적절한 연결, 부족한 공간 등이 표현의 실수로 이어집니다.

팔의 경우, 만일 아이가 아주 이른 시기에 팔을 그린다면, 아이는 머리를 나타내는 원에 팔을 연결할 것입니다. 반대로 너무 늦은 시기에 팔을 그린다면, 아이는 팔을 그리는 것을 빼놓을 위험이 있습니다. 왜냐하면 팔을 그릴 자리에 이미 다른 요소를 그렸을 테니까요. 만일 머리를 배보다 더 크게 그렸다면, 아이는 가장 큰 원에 팔을 붙이는 습관 때문에 팔을 머리에 연결하는 실수를 하게 됩니다.

다섯 살이나 여섯 살 정도가 되면 아이는 사람 그림 분야의 전문가로 거듭납니다. 그때쯤이면 아이는 더 이상 이런 실수를 반복하지 않게 됩니다.

거의 아무런 요소도 빠지지 않고 사람다운 얼굴을 한 사람 그림

두족인부터 윤곽선이 이어진 사람에 이르기까지, 아이들이 그리는 사람의 일반적인 겉모습은 변화한다. 그와 더불어 사람을 구성하는 요소는 풍부해지고, 그것을 의미하는 그래픽 형태는 명확해진다.

우리는 여기서 두 가지를 살펴볼 것이다.

그림은 풍요로워졌지만 여전히 무언가가 부족하다

형태를 표현하는 아이의 그림은 어쩔 수 없이 불완전하다. 하지만 우리의 시선은 모든 '결핍'을 똑같이 중요하게 보지는 않는다. 몇몇 빠뜨린 요소는 눈에 띄지도 않으며, 다른 몇몇 요소는 두드러져 보이기도 한다. "무언가가 빠졌잖아!"

사람을 그릴 때, 아이는 자신이 알고 있는 신체 요소의 목록을 풀어놓는다. 꼭 필요하다고 판단하는 신체 요소는 이 목록에 들어간 후 좀처럼 빠지지 않는다. 반면, 선택할 수 있다고 판단하는 신체 요소는 불안정한 위치에 처하게 된다. 아이가 성장할수록 이 목록은 점차 풍요로워진다. 빠진 요소가 선택적인 것에서 필수적인 것으로 바뀌기 때문이다.

다음은 사람 그림에 드러나는 신체 요소의 변화 과정이다.

나이	아이들 그림 중 80%에 나타나는 요소
4세	머리, 눈, 다리.
5세	입, 코, 팔, 배, 발.
7세	손과 (무수히 많은) 손가락, 머리카락과 최초의 옷.
9세	목, 양손에 각각 다섯 손가락, 적어도 두 개 이상의 옷.
10세	아이가 그린 그림 둘 중 하나는 속눈썹과 눈썹이 나타나고, 대략 셋 중 하나는 귀가 나타난다.

몇몇 요소는 다른 요소와 비교해서 더 쉽게 목록에 오른다.

이를 세 가지 유형으로 구분해 보자.

1. 그림을 그리다가 언제라도 추가할 수 있는 요소 : 코, 귀.
2. 그림을 그리다가 정확한 순간에 그려야만 하는 요소 : 배, 목(두족인 설명 참조).
3. 추가할 수도 있지만 정확한 순간에 그려야 하는 요소 : 머리카락, 모자, 옷.

우선 코, 귀, 목, 머리카락에 대해서 살펴보자.

그림 중앙에 위치한 코

코는 추가하여 그리기 쉬운 요소다. 하지만 네 살이나 다섯 살 아이들이 그린 사람 그림의 절반에는 코가 없으며, 아홉 살 아이들이 그린 그림의 10% 정도에도 여전히 코가 보이지 않는다. 대체로 코의 존재는 유동적이다. 아이가 어느 날은 코가 있는 사람을 그리다가 그다음 날에는 다시 코를 그리는 것을 잊을 수 있다. 그 이유는 무엇일까? 세 가지 설명이 가능하다.

1. 아이는 모든 것을 다 생각할 수 없기 때문에 필수적인 요소에만 집중한다. 발달 단계상 이 시기의 아이들은 코가 필수 요소 중 하나라고 생각하지 않는다. 혹시 사람 얼굴 모양의 이모티콘에 코가 없다는 사실을 알고 있는가? 이와 같은 맥락에서 코는 얼굴을 표현하는 데 있어서 선택적인 요소로 간주한다.
2. 아이가 얼굴을 어떻게 그리는지 관찰해 보자. 대체로 눈과 입을 그린 다음에 코를 그릴 것이다. 코를 빠뜨렸다는 사실을 알아차렸을 때도 한참을 망설인 후에 코를 그리기도 한다. 두 개의 커다란 눈(가장 흔히 볼 수 있는 형태다)과 입이 공간을 모두 차지해서

코를 그릴 공간이 충분히 남지 않는다. 그림 20의 세바스티앙이 바로 그런 예다.

3. 코의 형태는 옆모습을 그렸을 때 더 잘 표현된다. 정면을 바라보는 얼굴에서 코의 그림은 두 가지 시점 사이에서 충돌을 일으킨다. 이것은 마치 아이에게 마주 보고 있는 물병의 손잡이를 그려 보라고 요구하는 것과 같다. 게다가 코는 아주 다양한 형태로 그릴 수 있다. 그림 22에 나타난 코 그림 유형은 거의 150개에 달한다.

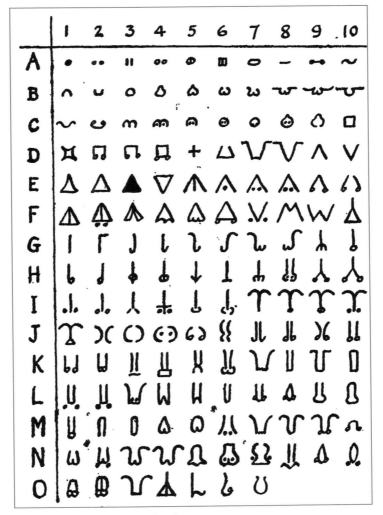

그림 22. 파제트(Paget)의 코 목록(1932).

코와 마찬가지로 귀 역시 그림을 그리다가 언제라도 추가할 수 있다. 하지만 귀는 좀 더 늦게 등장한다. 귀는 필수적인 요소로 보지 않기 때문이다. 귀의 자리를 다른 요소가 차지하고 있지 않다면, 아이는 귀를 그리기도 한다.

그림 23. 알렉산드르(4세 6개월), 이시스(8세), 클라라(9세), 줄리에트(8세 4개월).

특히 여덟 살 무렵 남자아이들이 여자아이들보다 귀를 더 자주 그리는 경향이 있다. 여자아이들이 여성스러운 인물을 그리는 것에 반해, 남자아이들은 알렉산드르처럼 짧은 머리를 한 남성적인 인물을 그린다. 따라서 귀를 그릴 수 있는 공간이 남는다.

이시스의 그림에서 귀의 자리는 이미 머리카락이 차지하고 있다. 클라라의 그림에서 귀의 자리는 귀걸이를 그리겠다는 의도 때문에 남겨졌는지도 모른다. 줄리에트는 긴 머리카락과 귀를 한꺼번에 그리기 위해서 독창적인 해결책을 찾아냈다.

사람의 목을 그리지 않는 아이

사람을 그릴 때 목은 필수적인 요소가 아니다. 여섯 살 아이들이 그린 그림 중 절반은 목이 있다. 하지만 코와 달리 목은 그림을 다 그린 후에 추가하여 그릴 수 있는 요소가 아니다. 목은 그림을 그리는 과정에서 정확한 순간에 머리와 배 사이에 그려야 한다. 두족인의 배와 마찬가지로 목을 위한 작은 공간을 찾기란 쉽지 않다.

어쩌면 이런 이유로 그림 속에서 목의 존재 여부 및 발달 과정이 사람 그림의 전반적인 질적 변화와 일치하는 것일지도 모른다. 그림 23의 클라라가 그린 초상화처럼, 목의 존재는 목걸이를 그리겠다는 의도에 의해서 동기 부여가 되기도 한다.

미용실에 간 사람

아래 자화상은 머리 모양을 그리는 각기 다른 네 가지 방식을 보여 준다.

그림 24. 얀(5세 7개월), 크리스티안(6세 3개월), 레아(8세 7개월), 나디아(9세 6개월).

여섯 살까지 아이들은 얀처럼 스포츠형 머리(방사형)를 한 사람을 그린다. 아이의 생각은 전체적인 머리 모양보다 머리카락 하나하나에 집중되어 있다.

일곱 살 정도가 되면 머리카락보다 머리 모양에 신경을 쓴다. 크리스티안처럼 머리카락은 이마를 침범하지 않고 얼굴을 나타내는 원 위에 그린다. 여전히 각각의 요소마다 다른 위치를 정해 주는 경향을 보인다.

여덟 살이나 아홉 살 무렵에는 레아의 초상화처럼 머리카락은 투명하게 비치는 얼굴선 위로 포개진다.

여덟 살에서 열 살 사이에는 그림을 그리는 절차가 바뀐다. 얼굴을 표현하기 위한 원을 그리기 전에 어떤 머리 모양을 그릴지 미리 생각한다. 나디아는 머리 모양을 먼저 그린 다음, 얼굴의 나머지 부분을 완성했다. 이처럼 순서를 바꾸는 일은 분명히 쉽지 않다.

머리카락이 이마의 일부를 가리도록 얼굴을 그리게 되자, 오랫동안 원의 높은 곳에 있던 눈이 아래로 내려왔다는 사실도 주목할 만하다.

그림이 무르익다

아이들은 상당히 다의적이고 기하학적인 그래픽 언어를 사용한다. 처음으로 그린 사람은 원과 선으로 이루어지지만, 이 모양은 그림에서의 위치에 따라 다양한 의미로 변한다. 예를 들면, 방사형은 머리의 머리카락, 배와 연결된 팔다리, 눈과 속눈썹, 손과 손가락 등을 뜻할 수 있다.

일곱 살 혹은 여덟 살이 되면 이러한 그래픽 언어는 더욱 정확하고 정교해진다. 기하학 도형과 같은 의미를 지닌 그래픽 기호로 대체된다. 의미하는 바가 늘 비슷하므로 늘 같은 의미를 가진 그래픽 기호를 그리는 것이다.

얼굴을 구성하는 요소와 손과 손가락이 그에 대한 좋은 예라고 할 수 있다.

그림 25. 로잘리아가 그린 얼굴(5세, 7세).

사람다운 모습의 사람

로잘리아처럼 대여섯 살짜리 어린 화가들은 대체로 점이나 작은 원으로 눈과 코를 표현하고, 양 끝이 위로 올라간 곡선으로 입을 표현한다.

일곱 살이나 여덟 살이 되면, 아이들은 각 요소를 특별한 형태로 그린다. 눈은 홍채와 속눈썹이 있는 가늘고 긴 형태로 그리고, 코는 콧구멍을 뜻하는 두 개의 점과 우아한 곡선으로 그리며, 입은 전체적인 윤곽을 두 개의 선으로 표현하거나 윗입술과 아랫입술을 구분 짓기 위해서 세 개의 선으로 표현하기도 한다.

손가락으로 가득한 손

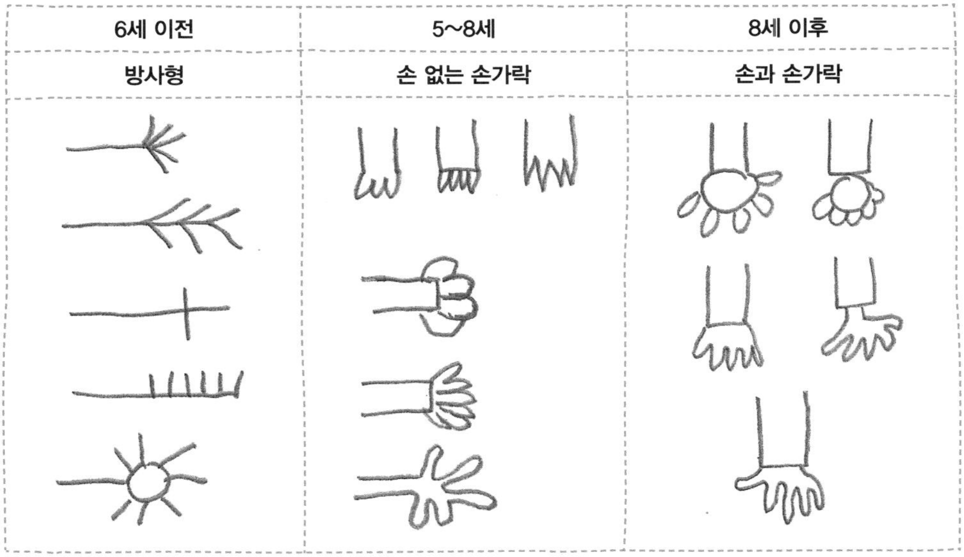

6세 이전	5~8세	8세 이후
방사형	손 없는 손가락	손과 손가락

그림 26. 손 그림의 발달.

그림 26을 통해서 우리는 손 그림의 발달 과정을 세 단계로 구분할 수 있다.

1. 여섯 살 이전의 아이들은 손가락을 빗자루, 십자형, 갈퀴 혹은 원을 중심으로 한 방사형으로 그린다.

2. 다섯 살에서 여덟 살 사이의 아이들은 팔을 뜻하는 사각형을 연장해서 손가락을 이차원적으로 그리거나, 외투의 소매에 붙여서 그린다.

3. 여덟 살부터 아이들은 손바닥과 손목, 손가락을 구분한다. 손가락은 면적이 넓어지고 다양한 길이로 길어진다. 엄지손가락이 나타나지만, 손톱을 그리는 경우는 여전히 아주 드물다.

Q) **수를 셀 줄 아는데도 왜 손가락의 수는 맞춰서 그리지 않을까요?**

A) 다섯 살 무렵부터 아이들은 양손에 손가락이 각각 다섯 개씩 있다는 사실을 알게 되며, 다섯까지 수를 셀 수도 있습니다. 물론 실제 손의 형태도 알고 있지요. 하지만 일곱 살 아이들이 그리는 그림 셋 중 둘을 보면, 손가락이 다섯 개가 아닙니다. 이 시기에도 아이들은 여전히 자신이 아는 것이나 보고 있는 것을 그리지 않기 때문입니다.

이러한 모순을 통해, 아이들은 그림을 그릴 때 셈을 하지 않는다는 것을 알 수 있습니다.

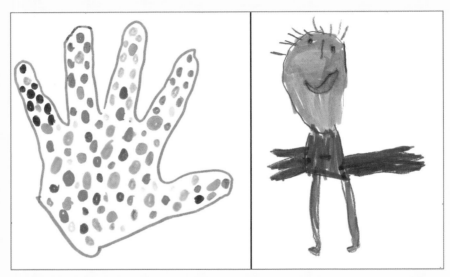

그림 27. 얀(6세).

얀은 손의 형태를 알고 있어서 윤곽을 그릴 수 있고, 수를 셀 줄도 압니다. 하지만 그림을 그릴 때 얀은 수를 세지 않습니다. 얀이 그린 그림은 그리고자 하는 형태가 차지하는 면적이나 사용할 수 있는 공간과 같은 그래픽적인 제약에 따라 결정됨을 보여 줍니다. 그려야 할 형태를 생각하느라 아이는 손가락의 숫자와 같은 '세부적인' 요소를 생각할 겨를이 없습니다. 얀은 마치 활짝 펼친 새의 날개처럼 미리 그려놓은 커다란 손으로 두꺼운 손가락 세 개를 겨우 표현했습니다.

교사와 부모를 위한 조언

탁자 위에 아이가 그린 사람 그림들을 시간 순서대로 펼쳐 놓은 후, '눈', '코', '입', '손', '머리 모양'과 같은 그래픽 기호들을 살펴보세요. 아이가 사용한 그래픽 기호들이 주로 기하학 도형(동그란 눈, 직선으로 이루어진 입)이며, 일곱 살 정도가 되면 이것들이 보다 정교해진다(홍채가 있는 가늘고 긴 눈, 두 개의 선으로 된 입)는 사실을 알게 될 겁니다.

연습 놀이

다섯 살이나 여섯 살 무렵의 아이는 사람의 목을 그리지 않습니다. 아이에게 목에 목걸이를 한 여자를 그려 보게 하세요. 아이에게 목이 있는 사람 그림을 보여 주고 그대로 따라 그려 보라고 하거나, 목을 어떻게 그리는지 직접 시범을 보여 주세요. 다섯 살 정도 된 아이들은 이러한 연습을 성공적으로 해낼 것이고, 이때 습득한 내용을 대체로 유지합니다. 목을 그린 윤곽선으로 머리와 어깨를 연결하여 그리도록 자극하는 것도 좋은 방법입니다.

그래픽 언어의 기초를 가르치려면 아이가 가장 좋아하는 만화를 함께 보면서, 작가가 얼굴을 이루는 요소와 손을 어떻게 표현했는지 살펴보세요. 그런 다음, 눈, 코, 입, 손 등의 목록을 만들어 보세요. 눈, 코, 입, 손을 잘라내어서 아이에게 종이 위에 붙이게 하는 것도 좋은 방법입니다.

이러한 연습을 통해서 아이는 그림 그리기에 재미를 느끼는 동시에, 기호 뒤에 감추어져서 보지 못한 무궁무진한 의미를 발견할 수 있을 겁니다.

또한, 아이는 3장에서 다루게 될 그림 속 사람의 감정 표현을 준비할 수 있습니다.

옷을 입은 사람

그림 속 사람에게 옷을 입히는 데에도 몇 가지 문제가 있다. 그림 속 사람은 외투를 입을 줄 모르며, 옷은 투명하게 그려지는 경우가 많다. 하지만 이 경우에도 성별을 드러내며, 모자는 대체로 날아갈 것처럼 그려진다.

긴 외투를 입은 사람

다섯 살, 일곱 살, 아홉 살 아이들에게 각각 긴 외투를 입은 사람을 그려 보게 하는 실험을 한 적이 있다. 그림을 다 그리자, 우리는 아이들에게 그림을 수정하고 싶은지 물었다. 그런 다음, 긴 외투를 입은 사람을 그린 그림(외투를 제대로 그린 그림과 투명하게 그린 그림)을 보여 주면서 '어떤 그림이 좋은지' 고르게 했다.

《앙팡스(Enfance)》라는 잡지에 실린 연구 결과에 의하면, 다섯 살 아이들은 늘 그리던 사람 그림에 단추와 같은 몇몇 요소를 덧붙여 그리는데 만족할 뿐, 긴 외투를 그리지는 못했다. 하지만 일곱 살이 되자, 아이들은 두 가지 방식으로 그림을 그렸다.

1. '사람 → 외투' 방식 : 사람을 그린 다음 외투를 그리는 방식이다.
2. '머리 → 외투 → 팔다리' 방식 : 머리를 그리고 외투를 그린 다음, 마지막으로 팔다리에서 보이는 부분을 그리는 방식이다.

첫 번째 방식으로 그리면 투명하게 선이 비치는 그림을 그리게 되지만, 두 번째 방식으로 그리면 만족할만한 그림을 그리게 된다.

일곱 살 아이들의 40% 정도, 그리고 아홉 살 아이들의 절반만이 두 번째 방식으로 사람을 그린다.

투명하게 선이 비치는 그림을 그린 일곱 살 아이들은 선이 비치지 않은 그림이 낫다고 판단했지만, 자신의 그림을 그렇게 고치는 것은 자신이 없다고 말했다. 아홉 살 아이들 역시 투명하게 선이 비치지 않는 그림을 선택했지만, 다른 점은 자신의 그림을 수정할 수 있다고 판단했다는 점이다(사람의 몸을 표현한 선을 지우개로 지우고 외투를 검게 칠하거나, 신체의 드러나지 않는 부분을 지우개로 지워서 망토로 변형시킨다).

요약하면, 긴 외투를 입고 있는 사람을 그리는 연습은 힘들다. 일곱 살과 아홉 살에 투명하게 선이 보이도록 그린다면 분명히 누구나 실수라고 평가할 것이다(아이들은 모두 투명한 부분이 없는 그림을 선택했다). 하지만 아홉 살 무렵의 아이들만이 자신의 그림을 수정할 수 있다고 생각했다.

옷을 입히기 전에 사람을 그려야만 해!

아이들이 긴 외투를 입은 사람을 그리는 경우는 드물다. 하지만 다섯 살에서 여덟 살 사이에 투명한 옷을 입은 사람을 그리는 경우는 흔한 일이다.

그림 28. 니콜라스(5세 10개월)와 엘리즈(8세)가 그린 투명한 옷을 입은 사람.

이러한 투명성은 사람 그림을 그린 후 그 위에 옷을 그리려는 부적절한 방법의 결과다. 옷을 그리기 전에 사람을 먼저 그려야 한다는 생각 때문에, 아이는 이러한 방법을 고집한다.

모자를 씌우기는 쉽지 않다

과거에 남자들은 중절모를 썼다. 요즘 남자들은 야구 모자나 챙 없는 모자를 쓴다. 아이들의 그림은 이러한 변화를 잘 나타낸다. 그림 속 사람은 다음 네 가지 방식으로 모자를 쓰곤 한다.

그림 29. 샤를리(6세), 스테판(8세 3개월), 로맹(8세), 에드가(9세 4개월)가 그린 모자.

샤를리는 모자를 머리 위에 떠 있는 모습으로 그렸고, 스테판은 모자가 머리를 감싸고 있는 모습으로 그렸다. 이 두 방식은 기존의 원칙을 존중하고 있다. 각각의 요소에 하나의 공간을 배치하였고, 선이 겹치는 것을 피했다.

로맹은 머리에 모자를 겹쳐서 그렸다. 따라서 투명하게 비치는 선이 생겼다. 하지만 에드가는 절차를 바꾸어 그렸다. 에드가는 모자를 먼저 그린 다음에 머리의 보이는 부분을 이어서 그렸다. 처음부터 모자를 생각하고 있었던 것이다. 대개 열 살 이전에는 이러한 새로운 절차를 습득하지 못한다.

교사와 부모의 질문

Q) 사람 그림에서 나타나는 성에 관한 부끄러움은 아이가 실제로 부끄러워한다는 뜻인가요?

A) 적어도 타인에게 '공개'되는 그림인 경우, 아이는 부끄러움을 표현합니다. 만일 아이가 공개하지 않을 '개인적인' 그림에서만 옷을 입지 않은 모습을 그린다면, 이것은 아이가 사회의 금기를 잘 이해하고 있다는 뜻입니다.

그림 30. 빅토르(10세)와 소피아(10세)가 그린, 옷을 입지 않은 사람.

여덟 살에서 열 살 사이의 아이들에게 옷을 벗고 있는 사람을 그려 보라고 하면, 아이들은 아주 드문 경우를 제외하고 부끄러워하거나 미소 짓고 있는 모습으로 그립니다. 대부분의 아이는 발가벗은 사람을 그려도 성기는 그리지 않거나, 소피아처럼 사람들이 볼 수 없도록 성기를 가리는 독창적인 해결책을 찾아내기도 합니다.

아이에게 아래의 모델을 보면서 모방하여 그려 보라고 제안하세요(혹은 이와 비슷한 여자 그림도 좋습니다). 일주일 후, 아이에게 기억나는 대로 그림을 다시 그려 보라고 해 보세요.

그림 31. 루이즈(7세)가 그린 옷을 입고 있는 남자. 왼쪽 그림을 모델로 하여 1은 자유롭게 그린 그림이고, 2는 모델을 보고 따라 그린 그림이며, 3은 일주일 후에 기억나는 대로 다시 그린 그림이다.

위 그림에서 무엇을 관찰할 수 있나요?

모방해서 그린 그림은 상대적으로 모델 그림에 충실합니다. 하지만 기억을 떠올려 그린 그림은 많은 요소가 빠지거나 형태가 변형되어 있습니다. 모자와 얼굴 표현, 상의 단추, 구두끈은 그려져 있으나, 상의와 팔의 위치는 실제 모델을 보지 않고는 그리기가 꽤 힘들었을 겁니다. 즉, 기억에 의존해 그린 그림은 자유롭게 그린 그림과 모델 그림을 동시에 담고 있습니다.

이번에는 그림의 소재를 바꿔서 시도해 보세요. 세 개의 그림(익숙한 그림, 복제한 그림, 기억에 의존한 그림)을 비교하는 일은 그림에 대한 아이의 이해도를 높이는 데 많은 도움이 됩니다.

교사와 부모를 위한 조언

아이가 모든 그림을 남에게 보여 주려고 그리는 것은 아닙니다. 공개하기 위해서 그리는 사람 그림은 적절한 옷차림을 갖추어야 하니까요. 아이의 사생활을 존중해 주세요!

아이의 그림에서 투명하게 표현한 요소를 찾아보세요. 아이는 그것을 어떻게 판단하나요? 아이는 그 요소를 투명성 없는 그림으로 고치고 싶어 하거나, 고칠 수 있다고 생각하나요?

사람 그림(선으로 그린 사람, 면으로 그린 사람, 윤곽선을 이어서 그린 사람)과 풍부한 세부 묘사의 발달 과정을 살펴보세요. 몇몇 아이들은 오랫동안 면으로 사람을 그리면서 여러 가지 세부 묘사(얼굴, 상의 단추, 모자 등)를 덧붙이기도 하고, 몇몇 아이들은 전체적인 윤곽을 그리느라 세부적인 묘사를 포기하기도 합니다.

3. 움직이고 표정이 있는 사람을 그리다

네 살에서 열 살 사이에 아이들이 그리는 사람은 엄청난 변화를 겪는다. 여러 가지 형태를 나란히 배열하여 완성하던 그림에서 사람 모습에 더 가까워진 그림으로 변한다. 그리는 순서와 방법에서 나타나던 결함은 사라지고, 신체 비율이 조화를 이루게 된다. 그림에 등장하는 요소가 많아지고, 각 요소(얼굴, 손, 머리카락, 옷)는 더욱 명확해진다.

하지만 예외를 제외하고 이 시기 동안 아이들이 그리는 사람은 항상 정면을 바라보며, 움직임 없이 서 있는 자세를 취한다.

3장에서는 아이들이 이렇게 경직된 모습의 사람을 그리는 이유에 대해서 알아보고자 한다. 그런 다음, 아이들이 몇 살부터 움직이는 사람이나 표정이 있는 사람, 혹은 옆모습의 사람을 그리는지 살펴보자.

아이들은 보수주의자, 탐험가, 심지어 창조자다

사람은 아이들이 가장 좋아하는 그림의 주제다. 따라서 아이들에게 사람 그림은 수도 없이 반복해서 그리게 되는 익숙한 활동이다.

보수주의자

아이가 당신에게 같은 책을 반복해서 읽어달라고 조르고, 같은 이야기를 토씨 하나 틀리지 않게 다시 들려달라고 조른 경험이 있을 것이다. 아이들은 익숙한 것을 좋아한다. 아이들은 같은 그림을 반복해서 그리는 것도 좋아한다.

그림 32를 보면, 로리스, 얀, 로잘리아는 여러 개의 그림 속에서 같은 방식을 반복해서 사람을 그렸다. 로리스가 그린 사람들은 목이 있고 양손에 손가락이 각각 다섯 개다(로리스는 그리면서 직접 수를 세어보았다). 얀이 그린 사람은 배가 네모이며, 로잘리아는 소녀를 표현하기 위해서 세모 모양의 원피스라는 방법을 찾아냈다.

그림 32-a. 로리스(5세).

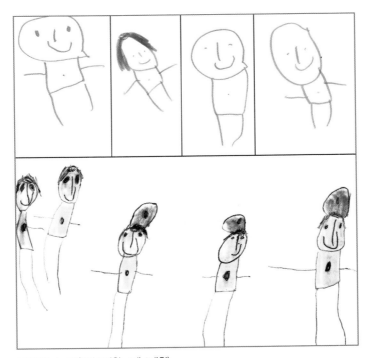

그림 32-b. 얀(4세 5개월, 4세 6개월).

그림 32-c. 로잘리아(4세 3개월).

아이는 사람 그림 전문가다

수도 없이 반복한 덕분에 아이는 그림을 그리는 나름의 요령을 터득한다. 다섯 살 무렵 아이는 태양, 꽃, 정면에서 바라본 집, 그리고 사람 그림의 전문가가 된다.

- **요령 터득의 긍정적인 면 : 그림을 훨씬 더 빠르게, 더 적은 노력으로 그릴 수 있다.**

이 시기의 아이는 확신에 차서 머뭇거림이나 망설임 없이 다소 급하게 사람을 그린다. 마치 시를 외워서 암송할 때처럼 말이다.

- **요령 터득의 부정적인 면 : 그림을 그리는 과정이 더욱 경직되고, 중단하거나 변경하기가 힘들어진다.**

잘 습득한 요령은 익숙한 상황에서는 효율성을 보장해 주지만, 새로운 방식을 익히는 것을 방해한다. 우리가 알고 있듯이 익숙한 습관에서 벗어나는 것은 특별한 노력을 요구하기 때문이다.

하지만 첫 성공에 만족할 수는 없다

그림 실력이 점점 자라나고 다양한 학습을 하면서, 아이는 익숙한 습관을 고치도록 계속 요구받는다. 아이는 끊임없는 수정 작업을 통해서 만족할 때까지 노력해야 하는 힘겨운 상황에 처한다. 따라서 아이는 성장하는 동시에 효율적으로 기능해야 한다. 여기서 성장은 아이에게 두 가지 상호보완적인 면을 모두 갖추도록 요구한다.

1. 보수적인 경향은 습득한 것을 단단히 다지고 습관을 만든다.
2. 탐험가적인 경향은 혁신을 받아들이고 새로운 능력을 개발한다.

한 가지 습관의 반복은 침체로 이어진다. 앞으로 나아가기 위해서 새로운 것을 개발하려는 노력을 두 배로 하지 않는다면 말이다.

습득한 것을 자신의 것으로 만들려면 반복이 필요하다. 하지만 발전을 위해서는 익숙함이 주는 편안함에서 벗어나서 낯선 곳에 있을지도 모르는 행운을 찾으러 나서야 한다.

인생과 마찬가지로 그림 그리기에서도 낯선 모든 상황은 새로운 것을 탐험하기에 좋다.

아이가 그림을 반복해서 그릴 때

그림 32-c에서 로잘리아가 그린 소녀들을 살펴보자. 한 명은 속눈썹이 있고, 다른 한 명은 하이힐을 신고 있다. 두 명은 손가락이 있고, 나머지 두 명은 손가락이 없다. 아이는 몇몇 변화된 형태를 유지하기도 하는데, 이것은 그림을 발전시키는 데 도움이 된다. 즉, 단순한 실수가 재미있는 변형으로 이어지면, 그 후에 그리는 그림에도 적용할 수 있다. 그리고 이러한 변형은 또 다른 변형으로 계속 이어진다.

그림 32-b에서 얀이 그린 두 시리즈의 사람 그림을 비교해 보자. 시간이 약간 흐르는 동안 형태가 발전했다는 걸 알 수 있다. 모든 그림에 머리카락을 그렸고, 머리와 몸통의 비율이 좋아지면서 다리의 길이가 길어졌다.

아이가 다른 그림을 따라 그릴 때

그림에서 모방은 좋은 평을 받지 못한다. 흔히들 모방은 개인의 창의성을 억제할 뿐 아무런 이득도 없다고 말한다. 하지만 아이를 구속하고 제한하는 맹목적인 모방도 있지만, 풍요로운 내면을 자유롭게 표현하여 만족을 얻기 위한 모방도 존재한다.

모방에는 이런 장점이 있다.

- 모델을 그대로 따라 그리려는 노력은 자유로운 그림을 그릴 때보다 심리적으로 더 많은 대가를 요구한다.
- 그림을 그릴 때 사용하던 익숙한 습관에서 벗어날 수 있다.
- 새로운 방식으로 그림을 그리는 법을 발견할 수 있다.

아이는 모방이 발전을 위한 효과적인 수단이라는 것을 잘 안다. 따라서 자신의 그림보다 더 예쁘게 그린 반 친구의 그림을 보면서 그 그림을 모방한다. 이것은 나쁜 일이 아니다.

친구의 어깨너머로 문제의 답을 베끼는 것은 좋지 않다. 하지만 친구의 그림을 따라 그리는 것은 아주 좋은 일이다.

한 학급에서 혹은 형제나 자매끼리 서로 마음에 드는 그림을 마치 바이러스처럼 유행시키는 것은 바로 이런 이유 때문이다.

아이가 자신만의 그림에서 실험을 할 때

아이는 공개하지 않을 개인적인 그림에서 개인적인 실험을 한다.

어른의 요구에 따라 그림을 그릴 때, 아이는 실패의 위험을 무릅쓰지 않기 위해서 늘 그리던 대로 그린다. 이렇게 그린 사람은 세부적인 표현이 잘되어 있고, 정면을 바라보며, 고전적인 초상화와 닮았다. 그런데 공개하지 않을 그림을 그릴 때, 아이는 성공을 장담할 수 없는 새로운 방식을 시도해 본다. 이런 그림들은 완성도는 떨어지지만, 더욱 혁신적이다. 이런 그림 속에서는 움직이거나 특별한 자세를 취하고 있는 사람이 종종 등장한다.

여러 차례 시도 끝에 새로운 방식으로 그린 그림이 생각대로 잘 완성되면, 아이는 그제야 자랑스럽게 남에게 그림을 보여 줄 것이다.

아이가 유연성을 보일 때

이미 살펴보았듯이, 무언가를 그리려는 의도는 항상 실질적인 실행 능력보다 앞선다. 그림을 의도대로 그리기 위해서는 평소에 그리던 방식을 정기적으로 살펴볼 필요가 있다. 변화를 허용하려는 유연성은 원래의 방식을 고수하려는 끈질긴 습관에서 출발해야 한다.

83쪽 표는 그림을 그리기 시작하는 초보 단계에서부터 아이에게 유연성이 나타난다는 사실을 보여 준다.

의도	유연성	오래된 습관
통념에 따라 그린 사람.	머리와 다리 사이에 배를 그린다.	유사 두족인.
옷을 입고 있는 사람.	머리를 그린 후에 옷을 그린다.	투명한 옷.
목이 있는 사람.	머리와 배 사이에 목을 그린다.	목이 없는 사람(7~8세).
머리카락.	머리카락을 그리기 위해서 머리를 먼저 그리지 않는다.	머리와 머리카락이 포개진 그림, 투명성.
모자.	모자를 그리기 위해서 머리를 먼저 그리지 않는다.	머리 혹은 머리카락과 모자가 포개진 그림, 투명성.
움직이는 사람.	그림 그리는 절차를 수정한다.	경직된 사람.
옆모습의 사람.	정면을 바라보는 사람을 그리지 않는다.	단순하게 그린 옆모습 혹은 시점이 뒤섞인 그림.

창의성

카밀로프 스미스Karmiloff-Smith의 연구는 창의성을 바탕으로 한 유연성이 다섯 살에서 아홉 살 사이에 발달한다는 사실을 보여 준다.

세상에 없는 존재를 그린 그림

다섯 살에서 아홉 살 사이의 아이들은 현실 세계에 존재하는 사람, 동물, 집을 그린 다음, 이 세상에 존재하지 않을 것 같은 사람, 동물, 집을 그린다. 그림을 분석해 보면, 다섯 살 아이는 존재하지 않는 것을 그릴 때 어떤 요소를 빠뜨리거나 변형하여 그리며(다리가 하나인 사람이나 네모난 머리를 가진 사람), 아홉 살 아이는 어떤 요소를 추가하거나(머리가 두 개인 사람이나 날개가 달린 집) 혹은 바꾼다(동물의 몸을 가진 사람).

다섯 살에서 아홉 살 사이에 무슨 일이 일어나는 걸까?

다섯 살 아이는 사람을 그릴 수는 있지만, 아이의 사고는 실제로 그림 그리는 절차를 이끌고 가는 내적 표상[7]에 접근하지 못한다. 그러므로 아이는 그림 그리는 절차를 변경할 수 없다. 하지만 모든 연령대의 아이들이 자신의 그림 속에 새로운 요소를 추가하기 위해서 실행 절차를 바꿀 수 있다는 사실을 이미 보았으므로, 이런 주장은 아이마다 미묘한 차이를 고려해야 한다.

아홉 살이 되면 아이는 새롭게 습득한 추상 능력 덕분에 내적 표상을 다룰 수 있다. 즉, 사람, 동물을 마음속으로 그려 볼 수 있고, 머리, 배를 따로 분리해서 이 요소의 위치를 바꿀 수도 있으며, 동물의 몸을 가진 사람을 상상할 수도 있다. 그리고 아이는 실행 과정에서 주의력을 발휘해서 자신이 생각한 결과를 표현하기 위해서 절차를 변경한다.

이러한 융통성은 창의성을 이루는 구성 요소다.

창의성이란?

창의성은 독창적인 작품을 만들어내고, 어떤 문제가 가진 제약에 적응할 수 있는 능력이다.

1990년에 길포드Guilford는 창의적인 사람은 '발산적' 사고를 한다고 주장했다. 발산적 사고는 예상하지 못한 방향으로 출발해서 하나의 문제에 관해 다양한 독창적인 아이디어를 만들어낸다.

토랜스Torrance는 이를 근거로 '토랜스의 창의적 사고력 검사'를 만들었다. 그래픽 분야에서 창의성은 아래 표에 요약한 세 가지 하위 테스트로 평가할 수 있다.

토랜스의 그래픽 창의성 평가 항목

아이의 그래픽 창의성에 대한 세 가지 하위 테스트(각 항목별 10분 이내)
초록색 색종이를 달걀 모양으로 잘라서 도화지의 원하는 곳에 붙이고, 그 위에 그림을 그린다. 단, 독창성을 유지해야 한다.
하나의 곡선 또는 직선을 이용하여 불완전한 열 개의 그림을 그리고, 각각에 이름을 붙인다. 단, 독창성을 유지해야 한다.
두 개의 평행선에서 출발하여 가능한 많은 그림을 완성하고, 각각의 그림에 이름을 붙인다. 단 독창성을 유지해야 한다.

7. 현재 존재하지 않는 자극이나 사물을 원래의 자극과 가장 유사하게 시간과 관계없이 재현하는 것을 '표상'이라고 하는데, 내적 혹은 정신적 표상은 이러한 표상이 그림이나 언어 등 외적 표현 형태가 아닌 정신 내적 상태에서 일어나는 것을 말한다 – 옮긴이주.

세 개의 항목 테스트에서 얻은 점수를 통해서, 다음과 같이 창의성의 네 가지 요소를 평가한다.

네 가지 요소의 평가	
융통성	여러 가지 각도에서 문제를 이해한다. 다양한 범주의 해결책을 찾기 위해서 접근 방식을 바꾼다.
유창성	다양한 해결책을 찾는다.
독창성	보기 드문 해결책을 찾는다.
착상 능력	정확한 해결책을 찾고, 심미안을 가진 그림을 그린다.

이 테스트를 통해서 창의성의 발달 과정에도 정체기가 있다는 사실을 확인할 수 있다. 그 시기는 아이들이 초등학교에 들어가게 되는 일곱 살 경, 그리고 아홉 살 내지 열 살 무렵이다.

초등학교에서 아이들이 기본 학습을 소화하고 새로운 규칙에 적응하기 위해서 노력하는 동안, 창의성 발달은 방해를 받는다. 반면, 창의성이 저하되는 열 살 무렵 논리적 사고의 발달은 정점에 이른다는 사실이 밝혀졌다.

교사와 부모의 질문

Q) 그림을 잘 그리는 아이가 다른 아이들보다 더 창의적일까요?

A) 이 질문에는 더 본질적인 질문이 감춰져 있습니다. 기술과 창의성은 어떤 관계가 있을까요? 전혀 없을까요, 부정적일까요(널리 퍼진 믿음 중 하나는, 그림을 그리는 기술의 습득은 창의성을 방해한다는 것입니다), 혹은 긍정적일까요?

발표된 연구 자료들에 의하면, 그림 그리는 기술은 창의성에 긍정적인 영향을 준다고 말하고 있습니다. 즉, 뛰어난 기술을 가진 아이는 창의성을 더 풍부하게 드러냅니다.

연습 놀이

그림 33. 휴그(6세)가 그린 사람과 고양이.

여섯 살 난 아이라면 사람과 동물 그림을 그리게 하면서 상상력을 자극해 보세요. 만약 아이가 어려워한다면, 그림 33을 보여 주면서 사람과 동물의 차이에 대해서 생각해 보라고 한 후, 다시 그려 보게 하세요.

움직이거나 고개를 돌리고 있는 사람

사람의 역동성에 관한 표현이 어떻게 발달하는지 살펴보기 위해서, 다양한 동작을 그리는 아이들의 모습을 관찰하였다. 아래 예를 보면, 아이들이 몇 살부터 움직임을 잘 표현하는지 알 수 있다. 또한, 유연성의 관점에서 아이들의 그림에서 관찰할 수 있는 것이 무엇인지 설명하고자 한다.

혼수상태에서 깨어나서 움직이기 시작하는 사람, 어렵다!

그림 34. 다양한 동작을 보이는 사람들.

왼쪽 다섯 그림은 여섯 살과 일곱 살 아이들이 그렸다. 아이들은 정면을 바라본 채로 움직이지 않고 서 있는 사람을 그리는 익숙한 방식을 고수하면서, 필요한 요소만 부분적으로 변경했다.

오른쪽 다섯 그림은 여덟 살에서 열두 살까지의 아이들이 그렸다. 아이들은 움직임과 자세를 생생하게 묘사하기 위해서, 익숙한 방식을 크게 변경했다.

그림이 한 범주에서 다른 범주로 변화하는 것은 주로 여덟 살 경에 이루어진다. 움직임을 잘 표현한 그림의 비율이 네 살까지는 아예 없다가, 열 살이 되면 거의 90%까지 늘어난다. 이러한 발전이 가장 비약적으로 이루어지는 게 여덟 살 무렵이다.

아이가 어릴수록 얼굴의 시선은 정면을 향하며, 신체의 중심축은 엄격하게 고정한 채 단지 부분적인 해결책만을 찾는다. 공을 주우려는 사람의 팔을 길게 늘어뜨리거나 앉으려는 사람의 다리 위치만 바꾸어 놓는 식이다. 두 가지 요소가 혼합된 그림일 경우, 각 요소는 독립적인 형태를 고수하는 경향이 있다. 예를 들면, 사람은 정면을 바라보고 있지만 스키는 옆모습을 그리거나, 사람과 계단을 나란히 배치하기도 한다. 또한, 마지막 그림처럼 기울어진 경사면에 사람이 수직으로 서 있는 모습을 그리기도 한다.

여덟 살이 되면 대략 절반 정도의 아이가 사람의 옆모습을 그릴 수 있게 되고, 대다수의 아이가 동작을 잘 표현하게 된다. 새로운 능력을 획득한 것이다. 아이는 익숙한 방식으로 그리던 그림을 기꺼이 변형시켜서, 충분히 까다로운 지시 사항마저도 잘 충족시킨다.

앞에서 언급했듯이, 이러한 능력은 내적 표상을 유연하게 사용할 수 있게 된 결과며, 사람의 자세나 그것을 표현하는 과정을 상상하는 데 아주 유용하다.

최고의 옆모습을 선택한 사람

정면 바라보기를 거부하다

처음 그림을 그릴 때부터 아주 오랫동안, 아이들은 정면을 바라보며 아무런 움직임 없이 똑바로 서 있는 사람을 그렸다. 이 책에 실린 옆모습의 사람 그림은 아이들이 그린 전체 그림 중 '실제로' 낮은 비율이다(91쪽 ZOOM 참고).

그림 34에서도 정면을 바라보고 있는 사람 그림이 많지만, 여덟 살 이후에는 움직임을 표현하느라 종종 사람의 옆모습을 그리곤 한다.

정면을 바라보는 것은 인간의 표준적인 시점이다

어린아이는 정면을 바라보는 시점으로 그림을 그릴 수밖에 없으며, 조금 더 성장한 후에도 이러한 시점에 만족한다. 노력 대비 효과를 따져보았을 때, 최고의 그림을 그릴 수 있기 때문이다.

정면으로 그릴 때의 장점을 네 가지로 정리해 보았다.

- 수직축을 중심으로 신체 대칭을 잘 지킬 수 있다.
- 네 개의 팔다리를 그릴 수 있으며, 얼굴의 세부적인 묘사가 가능하다.
- 각각의 요소는 특징적 형태를 유지하면서 적절한 위치에 배치된다. 선의 교차나 포개지는 면적을 최소화할 수 있다.
- 실행 과정을 나눌 수 있다.

즉, 정면을 바라보는 사람은 알아보기 쉬우며, 아이가 최소한의 노력으로 그릴 수 있다.

표준 시점은 그리는 대상에 따라 달라진다

표준 시점은 표준화된 그림을 그리게 한다.

강아지, 거북이, 비행기, 자동차, 배, 물고기를 그려 보자. 강아지, 자동차, 배, 물고기는 옆모습을 그릴 확률이 높지만, 거북이와 비행기는 위에서 내려다본 모습을 그리기 쉽다. 이러한 보편적인 시점을 '표준 시점'이라고 한다.

단순하게 그린 옆모습

일곱 살 혹은 여덟 살 정도부터 아이는 움직임을 표현하기 위해서 옆모습의 사람을 그리기 시작한다. 그림 34와 35에서 움직이고 있는 사람의 옆모습을 살펴보자.

그림 35. 로맹(8세)이 그린, 사람의 옆모습.

위 그림 속 얼굴들은 아주 간결한 옆모습이다. 아이는 늘 하던 대로 머리를 표현하기 위해 원을 그린 다음, 눈, 입, 코를 그려 넣었다.

로맹의 그림에서 오른쪽 사람은 머리, 몸통, 그리고 한쪽 팔은 옆에서 본 모습이지만, 두 다리는 정면에서 본 모습이고, 왼쪽 사람은 단지 머리만 옆에서 본 모습이다.

적절한 순간에 작은 도움을 주어라

시점을 바꾸고, 새로운 그래픽 기호를 찾아내고, 다른 절차를 시도하는 모든 과정에서 아이는 도움이 필요하다. 적절한 순간에 살짝만 밀어 주어도 그네는 속도를 낸다. 내가 로잘리아에게 해 주었던 것이 바로 이런 것이다.

그림 36의 위쪽에 있는 그림들을 살펴보자. 여덟 살에 로잘리아는 늘 그랬던 것처럼 단순하지만 어색한 옆모습을 한, 꽃을 들고 있는 공주를 그렸다. 나는 로잘리아와 함께 책에 그려진 사람의 옆모습을 모두 살펴보았고, 특히 코의 곡선, 돌출된 입술과 턱을 가리키며 로잘리아의 관심을 유도했다. 이런 과정을 거친 후, 로잘리아는 한쪽 팔과 두 다리가 있으며

오른쪽을 쳐다보고 있는, '고전적인' 옆모습을 그렸다(가운데 그림). 다음 날, 로잘리아는 집 안으로 들어가기 위해서 계단을 오르는 사람의 모습을 그렸다. 그 후에 로잘리아는 아이스크림을 먹고 있는 세 사람 역시 옆모습으로 그렸다.

그림 36. 로잘리아(8세 4개월).

ZOOM : 두 눈으로 정면을 쳐다보는 옆모습이 사라지다

다음 세 개의 그림을 살펴보자.

그림 37. 파이프 담배를 피우는 사람들(약 1세기 전 그림).[8]

이 그림들은 약 1세기 전에 아이들이 그린 대표적인 사람 그림이다. 그림 속 사람들은 파이프 담배를 피우고 있다. 말을 탄 기사도 왼쪽을 바라보며 옆모습을 보이지만, 두 눈은 정면을 바라보고 있다.

이런 특징에 대해서 다음과 같은 설명이 가능하다.

파이프 담배를 피우는 사람을 그리는 아이를 상상해 보자. 왼쪽에 불을 붙이는 곳이 있는 파이프를 그리게 되면(표준적인 그림) 사람 역시 왼쪽을 바라보게 할 수밖에 없다. 이때 두 눈을 모두 그리는 것은 지적 사실주의 시기에 저지르는 일반적인 실수다. 이 시기 아이들은 사람은 눈이 두 개니까 두 눈을 모두 그려야 한다고 믿는다.

이런 유형의 그림들이 지금은 완전히 사라졌다. 그 이유는 무엇일까?

과거에 사람들은 파이프를 피웠고, 아이들은 그 모습을 모방하여 그림을 그렸다. 지금은 사람들이 더 이상 파이프를 피우지 않기 때문에, 아이들은 그 또한 모방하여 그림을 그린다. 따라서 오늘날 사람 그림은 더 오랫동안 앞모습을 고수하고 있다. 그리고 보이는 눈만 그려도 된다는 사실을 인지하게 되는 아홉 살이 되면, 아이들은 제대로 된 옆모습을 그리기 시작한다.

교사와 부모의 질문

Q) 그림 속 사람의 옆모습은 오른쪽을 향해야 할까요, 왼쪽을 향해야 할까요?

A) 여러 가지 발표 자료에 따르면, 오늘날 아이들이 그린 사람의 옆모습은 상황에 따라 오른쪽 혹은 왼쪽을 바라본다고 합니다.

---

8. 쉴리Sully 1896, 루아마Rouma 1913, 뤼케Luquet 1927 인용.

이마의 위쪽에서 출발하여 그리는 얼굴의 옆모습은 원을 그릴 때와 마찬가지로 반시계방향으로 그리게 되고(27쪽 참고), 따라서 시선은 왼쪽으로 향하게 됩니다. 하지만 왼쪽에서 오른쪽으로 진행되는 동작을 하는 사람을 그리는 경우라면, 이때 사람은 오른쪽을 쳐다보게 됩니다. 그림 35 로맹의 그림에서처럼 두 사람이 서로 마주 보고 있는 경우라면, 한 사람은 오른쪽을 바라보고 다른 사람은 왼쪽을 바라보겠지요.

교사와 부모를 위한 조언

아이에게 그래픽 기초 교육을 해 보면 어떨까요? 역동적인 운동선수의 사진이나, 키스 해링(Keigh Haring)의 작품처럼 단순하지만 독창적인 태도를 보이고 있는 인물 그림, 피카소(Picasso)와 마티스(Matisse)의 곡예사 그림을 검색해서 아이와 함께 감상해 보세요. 그런 다음, 이런 그림들을 따라 그려 보세요.

축구 선수를 그린 그림을 보려면 LE MUZ를 방문하세요.

http://lemuz.org/coll_particulieres/rene-baldy-presente-levolution-du-bonhomme-chez-lenfant/

연습 놀이

아이의 표준 시점은 어느 단계에 있나요? 아이의 시선에서 보이지 않도록 손잡이를 돌려놓고서 아이에게 냄비를 그려 보라고 하세요. 일곱 살까지는 다수의 아이가 오른쪽에 손잡이가 있는 냄비를 그립니다. 그림을 그릴 때 표준 시점은 실제로 보이는 모습보다 더 강하게 아이에게 작용합니다.

하지만 많은 연구 결과에 따르면, 만약 아이에게 보이는 대로 그릴 것을 강하게 요구한다면, 아이는 전략을 바꾸게 됩니다. 당신의 아이는 어떠한가요?

영혼을 가지기 시작한 그림 속 사람

대여섯 살에 그린 사람은 미소를 짓고 있다는 사실을 이미 살펴보았다. 이 책에 실린 그림들을 보더라도 그 사실을 확인할 수 있다. 하지만 약간 상투적인 이 미소는 아이가 의도적으로 그린 것이 아니라 습관적으로 그린 것이라고 할 수 있다.

그렇다면 아이는 언제부터 사람의 감정을 제대로 표현할 수 있을까? 브레세^{Brechet}와 피카르^{Picard}의 연구 결과는 이 질문에 대한 대답을 찾고 있다.

유쾌해진 사람

아이들은 그림 속 사람의 감정을 표정(위로 올라가거나 아래로 처진 입꼬리)이나 자세(아래로 내린 팔, 흔들리는 팔)로 암시하거나, 날씨(태양, 구름)와 같은 배경이나 사물의 존재(꽃, 장난감), 추상적 표현(키, 색깔, 선의 종류)으로 나타낸다.

감정을 나타내기 위해 사용하는 이러한 표현들은 아래와 같이 네 가지로 분류할 수 있다.

감정을 나타내는 그래픽 표현

	표정	자세	배경	추상적 표현
행복 기쁨	위로 올라간 입꼬리.	팔을 올리고 있거나 기뻐서 폴짝 뛰고 있다.	태양, 무지개, 작은 하트, 꽃, 선물, 감탄사.	밝은 색깔.
슬픔	아래로 처진 입꼬리, 눈물.	팔을 흔들고 있거나 머리를 쥐고 있다.	구름, 비.	어두운 색깔.
분노	이빨이 드러나 보이는 입, 갈매기 눈썹, 삐죽삐죽 곤두선 머리카락.	팔을 뻗고 주먹을 쥐고 있다.	감탄사.	각이 지거나 진하게 강조된 선.
놀람	동그란 모양의 입, 크게 뜬 눈, 기울어진 눈썹.	팔을 뻗고 손바닥을 펼치고 있다.	감탄사.	

사람의 표정을 그리기 위한 능력의 발달은 다음 세 가지 단계를 거친다.

1. 네 살 혹은 다섯 살부터 소수의 아이는 단지 입 모양만을 움직여서 행복하거나 슬픈(혹은 그렇게 보이는) 사람을 그릴 수 있다.

2. 일곱 살이나 여덟 살부터 대다수의 아이는 표정이나 자세를 이용해서 행복하거나 슬픈 사람을 그릴 수 있으며, 소수의 아이는 화가 나 있거나 놀란 사람까지도 그릴 수 있다.
3. 열 살부터 대다수의 아이는 네 가지 범주에 속하는 표현을 이용해서 화가 나거나 놀란 사람을 그릴 수 있다.

다음은 각 감정을 표현하고 있는 그림의 예다.

	기쁨	슬픔
6세	위로 올라간 입꼬리.	아래로 처진 입꼬리.
8세	위로 올라간 입꼬리, 폴짝 뛰어오르는 다리, 밝은 색깔.	아래로 처진 입꼬리, 눈물을 흘리는 눈, 아래로 내려간 팔.
10세	위로 올라간 입꼬리, 단어, 위로 들어 올린 팔, 뛰어오르는 모습을 표현한 다리, 빗금 표시.	아래로 처진 입꼬리, 감고 있는 눈, 눈물, 팔짱을 끼고 있는 팔.

그림 38. 기뻐하는 사람과 슬퍼하는 사람.

	분노	놀람
8세	아래로 처진 입꼬리(화가 난 사람은 불만이 가득하기 때문에 약간 슬퍼 보인다), 부서진 장난감.	벌린 입, 들어 올린 팔.
10세	드러난 이, 비뚤어진 눈썹, 머리 위로 곤두선 머리카락, 쫙 벌린 다리, 강조된 눈썹 선.	크게 뜬 눈, 벌린 입, 단어와 구두점, 들어 올린 팔.

그림 39. 화를 내는 사람과 놀라는 사람.

행복과 슬픔은 아이들이 네 살 때부터 사진 속 인물을 통해서도 알아보는 감정이다. 이 감정에 관해 잘 개념화[9]하고 있으며, 감정을 표현하는 이모티콘(☺)에 익숙한 아이들은 입술 모양을 변화시키는 최소한의 방식으로 이 감정을 표현할 수 있다.

분노와 놀람, 혐오와 두려움은 여덟 살 정도부터 인식하는 감정이다. 알아보거나 개념화하기 더 힘든 이 감정은, 눈썹의 형태와 같은 얼굴 요소의 미묘한 변화를 이용하여 표현한다.

사용할 수 있는 그래픽 기호가 풍부해지고(눈썹은 열 살 정도부터 표현한다) 움직임을 표현하는 능력을 습득하면서(팔을 들어 올리거나 뛰어오르는 동작), 아이들은 표현력이 풍부한 그림을 그릴 수 있는 새로운 가능성에 다가선다.

9. 특정 용어를 사용할 때, 무엇을 의미하는지 정확하게 구체화하는 과정을 말한다 – 옮긴이주.

Q) 아이가 그리는 사람을 통해서 아이가 감정을 받아들이는 방식을 알 수 있나요?

A) 감정에 이름을 붙이는 능력의 발달과, 감정을 느끼는 사람을 그리는 능력 사이의 관계를 밝히기 위한 연구가 이루어진 적이 있습니다.

여섯 살에서 열한 살 사이의 아이들이 모험 중인 '샘'이라는 인물의 감정에 이름을 붙인 후, 이 인물의 감정을 그림으로 그렸습니다. 예를 들면, 항상 자전거를 선물로 받고 싶어 하던 샘(기쁨)이 새끼 고양이를 잃어버리거나(슬픔), 자신이 가장 좋아하는 케이크를 친구가 먹어치운 광경을 목격하는 모습(분노)을 그리게 했습니다.

그 결과, 샘이 느끼는 감정을 말로 표현할 수 있는 아이들은 그 감정을 그림으로도 잘 표현했습니다.

두 가지 상황(이름 붙이기와 그림 그리기)이 같은 지식을 요구하지는 않지만, 표정이 있는 사람을 그리는 아이의 능력을 통해서 감정 이해에 대한 발달 단계를 파악할 수 있습니다.

ZOOM : 남자아이들은 말이 없다!

다섯 살에서 열 살 사이 아이들에게 즐겁고 슬프고 화나고 놀란 표정의 사람을 그리게 했다.

여자아이들과 남자아이들의 그림을 비교했을 때, 남자아이들보다 여자아이들이 표정이 있는 사람(여자아이들이 표정을 드러내는 경우가 훨씬 더 많으며, 그래픽 표현을 더 많이 사용한다)을 더 잘 그리는 것으로 드러났다. 단지 분노의 감정만 빼고 말이다.

이를 통해서, 여자아이들과 남자아이들 사이에 감정 발달의 차이가 존재한다는 사실이 드러났다. 문화적 기대에 부응하기 위해서, 남자아이들은 감정을 자제하고 용감하게 보여야 한다. 그래서 남자아이들은 아주 일찍부터 자신의 감정을 감춘다(소년은 울지 않는다). 이런 까닭에 여자아이들보다 감정을 표현하거나 타인의 감정에 공감하는 능력이 덜 발달한다. 단, 분노는 제외다.

과거의 그림 속 사람은 현재의 그림 속 사람보다 덜 웃는다!

그림 40. 루마(Rouma)가 수집한 과거의 얼굴 그림(1913).

1913년에 루마Rouma가 쓴 책에서 발췌한 그림 40을 보자. 이 그림에는 '인물 표현의 발달 과정, 얼굴의 세부 묘사'라는 제목이 붙어 있다. 루마가 대표로 고른 서른 개 정도의 얼굴에서 단지 두세 개의 얼굴만이 수줍게 웃고 있다. 다른 얼굴들은 분명히 슬픈 표정도 아니며, 오히려 무표정하다고 할 수 있다. 하지만 이 얼굴들은 대부분 여섯 살 이상의 아이들이 그린 그림이다. 오늘날 이 연령대의 아이들이 그린, 이와 비슷한 얼굴 그림을 수집한다면 아마 그 비율은 반대가 될 것이다.

이런 변화를 어떻게 설명할 수 있을까?

우리 조상은 우리보다 더 슬픈 삶을 살았을까? 그렇다는 증거는 어디에도 없다. 하지만 그들의 그래픽 환경은 우리와 달랐다. 20세기 초 그림 용품은 귀하고 비쌌으며, 아이들이 영감을 받을 수 있는 그래픽 모델은 흔하지 않은데다가 매력이 없었다. 벽에 분필로 친구가 그려놓은 그림이나 흑백 이미지가 전부였다. 오늘날 아이들은 다양한 종이와 질 좋은 수성 펜을 사용하며, 이모티콘, 그림책, 만화책, 애니메이션, 비디오게임과 TV프로그램을 통해 그 누구보다 표정이 풍부한 인물을 다양하게 접한다. 덕분에 아이들은 그림 구상에 도움이 되는 영감을 이전보다 수월하게 얻을 수 있다.

연습 놀이

그래픽 기초 교육을 계속해 나가기 바랍니다. 아이와 함께 가장 좋아하는 만화책 속 인물을 살펴보세요. 감정을 표현하고 있는 인물을 찾아보고, 작가가 이런 감정을 표현하기 위해서 어떤 방법을 사용하고 있는지 대화를 나눠 보세요.

그런 다음, 아이와 함께 네 가지 범주(93쪽 표 참조)로 그래픽 표현을 분류해 보세요.

교사와 부모를 위한 조언

행복하거나 슬픈 사람을 그린 그림을 보고 싶다면, LE MUZ를 방문하세요.

http://lemuz.org/coll_particulieres/rene-baldy-presente-levolution-du-bonhomme-chez-lenfant/

이제 사람 그림의 발달 과정을 소개하는 마지막에 도달했다. 이와 관련한 몇 가지 중요한 사항을 살펴보자.

사람 그림의 발달 과정

4세 혹은 5세까지	5~7세 혹은 8세까지	8세 이후
선으로 그린 팔다리.	면으로 표현한 팔다리.	전체를 윤곽선으로 표현한다.
정면을 바라보며 움직이지 않고 서 있다.	늘 정면을 바라보며 움직이지 않고 서 있다.	목이 어깨와 머리를 연결한다.
반복적이다.	기하학적 모습이다.	머리 모양이 머리카락을 대신한다.
무표정한 얼굴.	경직된 미소.	성별이 드러나는 옷차림.
스포츠형 머리카락 혹은 헝클어진 머리카락.	성별 구분 (주로 그림을 그리는 아이의 성과 일치).	부차적인 표현 (하이힐, 보석, 권총, 검).
남성도 여성도 아님.	긴/짧은 머리카락.	가늘고 긴 눈, 홍채, 눈썹, 속눈썹.
옷을 입고 있지 않지만 수줍어한다.	원피스나 바지 등의 옷을 입고 있다.	윗입술과 아랫입술로 구성된 입.
때로 배꼽이 있다.	신체의 비율이 더 좋아진다.	곡선의 코와 콧구멍.
큰 머리.	어림잡아 그린 손가락 수.	다섯 손가락을 가진 손.
종종 머리에 팔이 붙어 있다.	기쁨이나 슬픔.	다양한 동작을 취하거나 움직이고 있으며, 옆모습을 보인다.
종종 손발이 없거나 코가 없다.		놀람이나 분노.

이 기준을 참고하여 아이가 그린 사람을 자세히 살펴보자.

4. 동물 그림을 그려 보자

지금까지 아이가 처음으로 사람을 그리기 시작하여, 움직임과 감정의 표현을 통해서 사람 그림을 발달시켜 나가는 과정을 살펴보았다. 이제 4장에서는 동물 그림의 발달 과정을 알아보려고 한다. 더불어 사람 그림과 동물 그림의 발달 과정에 유사성이 많다는 사실도 사례를 통해 확인해 보자.

동물의 탄생

최초의 동물 그림은 사람의 형태를 하고 있다

처음으로 동물을 그릴 때 아이는 사람을 그리던 방식으로 그린다. 따라서 동물 그림과 사람 그림은 서로 비슷하다. 몇몇 아이는 심지어 '두족 동물'을 그리기도 한다. 마치 '두족인'을 그리듯이 말이다.

실라는 두 마리의 고양이, 즉 어미 고양이와 새끼 고양이가 태양 아래에 서 있는 모습을 그렸다. 큰 귀가 동물이라는 사실을 말해줄 뿐, 이 고양이들은 사람의 얼굴을 하고 똑바로 서 있다.

네 살 반에서 다섯 살 사이의 아이는 수평적인 자세를 한 동물을 그린다. 사람을 그릴 때 적용하던 수직적 절차가, 주로 옆을 바라보고 있는 동물을 그릴 때는 수평적 절차(왼쪽에서 오른쪽으로)로 대체된다.

하지만 시선이 '비스듬하게 기울어진' 몇몇 그림은 이러한 방향 전환이 늘 이루어지지는 않는다는 걸 보여 준다.

그림 41. 실라(4세)가 그린, 똑바로 선 고양이.

통념에 따라 그린 동물

사람 그림과 마찬가지로 동물 그림 역시 아이의 나이와 더불어 서서히 발달한다. 형태의 변화는 사람 그림과 거의 같은 시기를 거친다. 즉, 선으로 그린 동물, 면으로 그린 동물, 윤곽선을 이어서 그린 동물 순이다.

그림 42-a. 로잘리아(4세 10개월)가 선으로 그린 동물.

그림 42-b. 얀(5세 6개월)이 면으로 그린 동물.

그림 42-c. 로잘리아(7세)가 윤곽선을 이어서 그린 동물.

선으로 그린 동물

다섯 살에 그린 동물은 아이가 이름을 붙일 수 있는, 각각 구분되는 부위(머리-배-다리-꼬리)를 원과 선으로 그려서 결합한 형태다.

면으로 그린 동물

다섯 살에서 일곱 살 사이에 그린 동물은 여전히 구분되는 각 부위를 결합한 형태지만, 발과 꼬리가 면으로 표현되었다.

윤곽선을 이어서 그린 동물

이러한 그림은 일곱 살 때부터 그리기 시작한다. 로잘리아는 단 하나의 선으로 개를 그렸지만, 몇몇 아이는 분리된 부위(머리 등)를 그린 후 나머지 부위와 윤곽을 잇는 방법으로 그리기도 한다.

Q) 비슷한 연령대의 아이들은 모두 같은 동물 그림을 그리나요?

A) 아닙니다. 사람 그림처럼 아이마다 큰 차이가 있습니다.

다섯 살에 어떤 아이는 여전히 사람처럼 수직으로 서 있는 자세의 동물을 그리지만, 다른 아이는 수평적인 자세를 취하고 있는, 동물의 옆모습을 그리기도 합니다.

일곱 살이나 여덟 살에 몇몇 아이는 여전히 동물을 구분되는 부위의 결합으로 그리지만, 또 다른 아이는 하나의 윤곽 속에 통합된 옆모습을 그리기도 합니다.

어느 쪽을 바라볼까?

만일 머리부터 그리기 시작한다면, 배와 꼬리는 대체로 오른쪽에 오게 된다. 도화지의 왼쪽에서 시작하여 오른쪽으로 그림을 그리기 때문에 동물이 왼쪽을 바라보게 되는 것이다. 만일 동물이 왼쪽에서 오른쪽으로 이동하는 중이라면(예를 들면, 개가 개집에서 나와서 뼈다귀를 찾으러 간다), 동물은 오른쪽을 쳐다보게 된다. 이 두 가지 방향은 서로 균형을 이루려는 경향이 있다.

하지만 마치 동물이 오직 자신만 쳐다보기를 원한다는 듯이, 아이는 꽤 오랫동안 동물이 정면을 바라보고 있는 모습을 그린다. 이럴 경우 아이는 동물의 얼굴을 사람의 얼굴처럼 그린다. 게다가 사람과 마찬가지로 동물도 미소를 짓는다.

선천성 기형과 특징적 징후

선천성 기형

처음으로 그린 사람과 마찬가지로 처음으로 그린 동물은 몇 가지 기형적 특징을 나타낸다.

그림 43의 여우를 살펴보자. 옆모습을 그렸지만, 두 개의 눈, 두 개의 귀, 네 개의 다리가 나란히 그려져 있다. 1세기 전에 그린 사람의 옆모습에 정면을 바라보는 두 개의 눈이 있었던 것과 같은 이유로, 동물의 옆모습은 정면을 바라보는 두 개의 눈을 가지고 있다. 그 이유는 너무 이른 시기에 동물의 옆모습을 그렸기 때문이다. 일곱 살 이전 지적 사실주의 시기에 있는 아이들은 자신이 사물에 대해서 알고 있는 것을 모두 그리려는 경향이 있다. 로잘리아는 동물이 두 개의 눈, 두 개의 귀, 네 개의 다리가 있다는 것을 알고 있기 때문에 그것들을 모두 그림으로 그렸다. 1년이 더 지나면, 이런 이상한 형태는 사라진다.

그림 43. 로잘리아(6세 7개월).

특징적 징후

아이는 사람을 그릴 때 여성인지 남성인지 성별에 따라 다르게 그린다. 마찬가지로 동물 그림도 어떤 종류의 동물인지에 따라 다르게 그린다. 이와 관련하여 당신의 아이는 어떻게 그림을 그리는지 관찰해 보자.

여섯 살 혹은 일곱 살부터 아이들은 그림책이나 애니메이션을 통해서 동물의 종류를 구분할 수 있게 된다. 사람을 그릴 때와 마찬가지로, 동물을 처음 그릴 때 사용하는 기하학 도형은 아이가 그리려고 의도하는 바와 닮은 그래픽 기호로 대체된다.

훌륭한 동물 화가인 로잘리아는 그림 44에서 이에 대한 다양한 예를 보여 준다.

사자는 갈기가 있고, 얼룩말은 줄무늬가 있고, 기린은 긴 목이 있으며, 표범은 독특한 점이 있다.

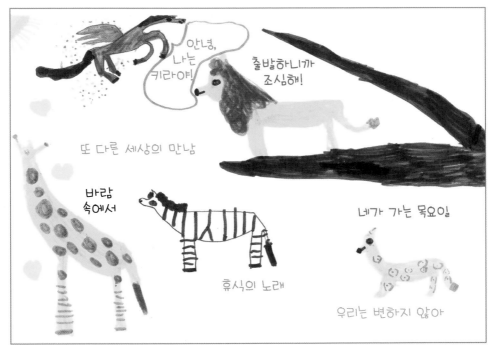

그림 44. 로잘리아(7세 9개월).

정말 어려운 다리 그리기

다리를 몇 개나 그려야 할까?

그림 45. 동물의 다리를 그리는 다양한 방식.

첫째 줄에는 여러 개의 다리를 가진 동물들이 있다. 여섯 살이 될 때까지 아이들은 배 아래로 공간이 있는 만큼 다리를 그려 넣는다. 손을 중심으로 방사형 손가락을 그리거나 배 높이에 단추를 그리는 것과 같으며, 이는 일반적이다.

여섯 살에서 열 살 사이 아이들 중 3분의 2는 우선 같은 간격으로 네 개의 다리를 그린 다음, 두 개씩 짝을 이룬다(둘째 줄). 나머지 3분의 1에 해당하는 아이들은 두 개의 다리를 그린다.

그림 45의 점이 있는 개를 그린 그림처럼, 하나의 다리가 다른 다리에 부분적으로 가려진 '사실적인' 네 개의 다리 그림은 더 늦게 나타난다. 열 살 아이들 중 25% 정도만 이런 유형의 그림을 그린다.

움직이는 동물

다섯 살 무렵의 아이들은 움직이지 않는 수평적인 자세의 옆모습을 그린다. 여덟 살 정도가 되면 여러 부위를 통합하여 하나의 윤곽선으로 이어서 그린다. 머리는 여전히 정면을 바라보고 있지만 말이다. 이 나이의 아이들이 그리는 사람처럼 이제 그림 속 동물은 움직이기 시작한다. 하지만 동물 그림에는 한 가지 장점이 있다. 동물은 이미 옆모습으로 그려져 있어서, 언제든 움직임을 표현할 준비가 되어 있다.

뒷발로 선 말과 경주하는 고양이

말은 옆모습이지만 마치 행진하는 것처럼 뒷발로 서 있다. 그리고 맹수들은 전속력으로 왼쪽에서 오른쪽으로 달린다. 쭉 뻗은 다리와 길게 늘어난 배는 달리는 속도를 의미한다.

그림 46-a. 로잘리아(7세).

나는 덫에 걸렸어요.

그림 46-b. 로잘리아(7세).

뒷발로 선 개

다섯 살부터 열 살 사이의 아이들에게 뒷다리로 서 있는 개의 모습을 그리게 했다(그리기 전, 작은 인형으로 어떤 자세인지 보여 주었다).

개는 어떻게 서 있을까? 정면을 바라보고 서 있을까?

여섯 살 아이들 중 네 명 중 하나가, 여덟 살 이상의 아이들 절반이 뒷다리로 서 있는 개

의 모습을 그린다. 일반적으로 그림 47의 왼쪽 그림처럼 옆을 바라보는 모습이 유지된다. 옆을 바라보는 동물 그림은 정면을 바라보는 사람 그림보다 더 변화를 거부하는 듯하다. 왜냐하면 아이들 셋 중 한 명이 오른쪽 그림처럼 수직 자세를 한 개의 정면 모습을 그리게 되기까지 10년 이라는 오랜 시간이 걸렸기 때문이다.

그림 47. 뒷다리로 서 있는 개의 옆모습과 앞모습.

표준 시점의 위력

로잘리아가 모방하여 그린 그림을 보자.

그림 48. 로잘리아(5세 2개월)가 모방하여 그린 그림.

모델 그림에서 엎드린 젖소는 정면을 보고 있다. 하지만 로잘리아는 동물의 표준 그림에 부합하도록 젖소의 옆모습을 그렸다. 이러한 실수는 아이들이 그린 그림에서 보편적으로 나타난다.

아이가 그림을 그리는 동안, 외부 모델을 통해서 보는 것과 젖소에 대해서 품고 있던 생각 혹은 자신의 내면 모델 사이에서 갈등하고 있다는 사실을 알 수 있다.

누워 있는 자세, 한쪽 눈에 있는 검은 반점, 빨간색 종, 초록색 풀밭은 외부 모델에서 본 요소와 같다. 그러나 옆모습, 네 개의 다리, 유방, 꼬리, 울타리는 아이의 내면에 있는 모델로부터 영향을 받은 요소다.

기사와 말

아이는 서로 일치하지 않는 두 가지 시점, 즉 말의 옆모습과 기사의 정면 모습을 서로 맞추어야 한다. 일반적으로 그림의 방향을 결정짓는 것은 말의 옆모습이다. 따라서 아이는 기사 역시 옆모습을 그려야 한다. 말과 기사의 몸이 서로 닿는 접점에 신경 쓰면서, 보이지 않는 다리는 생략해야 한다.

대수롭지 않아 보이지만, 직접 그림을 그려 보면 이것이 쉽지 않다는 사실을 알게 된다.

제대로 앉으려고 애쓰는 기사

네 가지 범주로 이런 그림을 분류할 수 있다.

그림 49-a. 로잘리아(5세)와 로맹(7세).

일곱 살이나 여덟 살까지 대다수의 아이가 말 위에 있는 기사를 그리면서 한쪽 다리를 투명하게 보이도록 그리거나, 말 위에 있지만 정면을 바라보고 있는 모습을 그린다(그림 49-a).

일곱 살이 되면 단지 세 명 중 한 아이만이 말 위에 앉아 있는 기사의 모습을 그릴 때 한쪽 다리를 보이지 않게 그린다.

그림 49-b. 로맹(7세 6개월)과 로잘리아(7세 9개월).

여덟 살 무렵 아이들은 말 위에 앉아서 옆모습을 보이는 기사의 모습을 곧잘 그린다. 로맹은 그런 모습을 대체로 잘 그려냈으며, 로잘리아도 그럭저럭 그렸지만 그림 위에 수정한 흔적이 많이 남아 있다(그림 49-b). 아홉 살이 되면 대략 75%의 아이들이 이런 유형의 그림을 그릴 수 있게 된다.

기사가 탈 것 위에 기마 자세로 완벽하게 앉아 있고 한쪽 다리를 투명 선이 보이지 않도록 완전히 감추어 그리려면, 성인이 되어야 가능하다. 하지만 아이가 종종 그림을 단순화시켜서 그릴 때, 이런 그림에 성공하기도 한다.

한쪽 다리를 감추다

수많은 그림에 등장하는 '감추어진' 다리의 존재를 어떻게 설명할까?

이런 특징은 사람 그림을 그릴 때 익숙해진 절차상의 습관에서 비롯된다. 자주 반복하기 때문에 판에 박힌 습관이 되어서 바꾸기 힘들다. 처음부터 끝까지 자신도 모르는 사이에 이런 절차를 따르는 것이다. 특히, 이때부터 아이는 그림을 그리면서 사람의 옆모습을 그리는 것과 말 위에 앉히는 것, 접점을 잘 표현하는 것 등 다른 부분에 집중한다.

이런 까다로운 부분에 집중하다 보면, 드디어 아이는 보이는 다리만 그리는 데 성공하게 된다.

사람이 모는 수레를 끌고 가는 말

이 그림은 표준 시점이 일치하지 않음을 보여 준다. 말은 옆을 바라보고 있고, 사람은 정면을 바라보고 있으며, 네모난 수레는 위에서 내려다본 모습이지만, 바퀴는 옆에서 본 것처럼 동그랗다.

이 모든 것을 어떻게 조화시켜야 할까?

그림 50. 말이 끄는 수레의 모습.

일곱 살이 되기 전, 아이가 그린 그림의 각 요소는 형태의 특징을 고수한다. 네 다리를 다 그린 말의 옆모습, 둥근 바퀴가 달린 위에서 내려다본 수레, 정면을 바라보고 있는 사람 등이 그러하다. 이렇게 여러 시점이 뒤섞여 있는 그림은 어린아이들이 그리는 그림에서 보편적으로 나타난다.

그러나 일곱 살 이후가 되면, 아이들은 하나의 시점에 따라 그림을 그린다.

교사와 부모의 질문

Q) 아이들은 지우개를 어떤 용도로 사용하나요?

A) 다섯 살짜리 아이들은 그림을 그리는 도중에 자신의 그림을 평가하지 않고 익숙한 방식대로 빠르게 그림을 그립니다. 그림을 다 그리고 나서도 대체로 자신의 그림에 만족합니다. 이 나이의 아이들에게 실패란 없지요. 도화지에 빠르게 그림을 그리기 때문에 지우개는 전혀 필요하지 않습니다.

하지만 여덟 살 정도가 되면 어린 시절 동안 습득한 방식만으로는 충분하지 않다고 느낍니다. 어린 화가는 더 까다로워지고 그만큼 더 머뭇거립니다. 아이는 선을 하나씩 하나씩 그리는 도중에 자신의 그림을 평가합니다. 더구나 이러한 평가는 종종 꽤 엄격하게 이루어집니다. 바로 이때 지우개가 유용하게 사용되는 거죠.

교사와 부모를 위한 조언

아이가 가장 좋아하는 작가의 책 속에서 다양한 동물들이 어떻게 표현되었는지 아이와 함께 살펴보세요.

그리고 아이가 그린 그림 속에 여러 가지 시점이 뒤섞여 있는지 확인해 보세요. 길을 따라 쭉 늘어서 있거나 밭 주위를 에워싸고 있는 나무, 식탁 주위로 앉아 있는 가족, 그림 71의 원을 이루고 있는 소녀들처럼 말입니다.

연습 놀이

아이에게 개를 산책시키는 사람을 그려 보라고 하세요. 그런 다음, 그림에서 사람과 개를 비교해 보세요.

- 두 그림은 대체로 같은 방식으로 그려졌을 겁니다.
- 만약 사람을 개보다 먼저 그린다면, 두 요소 사이의 비율은 차츰 좋아질 수 있습니다.

아이에게 그림 48에 나온 젖소를 따라 그려 보라고 하세요. 그다음, 외부 모델과 내적 모델 중 무엇의 영향을 더 많이 받았는지 함께 평가해 보세요.

아이에게 그림 51처럼 두 가지 동물을 결합하여 그릴 것을 제안하면서 상상력을 자극해 보기 바랍니다.

그림 51. 로잘리아(8세 6개월)가 그린 게와 벌.

이야기 속의 사람과 동물

어린 화가는 '그림 이야기꾼'이기도 하다. 다시 말해, 아이는 말로 이야기를 들려주듯 그림으로 이야기를 들려준다. 현실과 상상은 그림으로 이야기를 들려주고 싶다는 아이의 의도를 자극한다. 실제 경험한 것이든 꾸며낸 이야기든 간에 그림 이야기는 다양한 형태로 나타난다.

- 어린아이는 종종 한 장의 그림 속에 긴 이야기를 요약하여 전개한다(서로 다른 에피소드에 속하는 요소를 결합한다).
- 여덟 살 무렵 아이는 일련의 행동이나 사건의 시공간적 흐름을 이해할 수 있고, 이야기를 여러 개의 연속적인 에피소드로 잘라서 구성할 수 있다.

다음은 그림 이야기를 잘 보여 주는 예다.

할아버지가 아파요

그림 52-a. 마라(6세 10개월)가 인물의 반복 없이 그린 그림.

마라는 간호사에게 심각한 만성 질환으로 입원한 할아버지를 잘 돌봐달라고 부탁했다. 이 그림은 긴 이야기를 상징적으로 한 장에 요약한다. 슬픈 상황인데도 불구하고, 그림 속 인물들은 크게 미소를 짓고 있다.

내 동생이 태어났어요

그림 52-b. 로잘리아(5세 10개월)가 한 장의 그림 속에 같은 인물을 반복해서 그린 그림.

이야기 전체를 위한 배경은 한 번에 설정된다. 산은 눈으로 덮여있고, 산부인과 병원의 병실이 투명하게 보이며, 병실에 매겨진 번호가 인상적이다.

같은 인물이 그림 속에 두 번 등장한다. 왼편에서 엄마는 임신한 상태로 병원에 도착한다. 배 속의 아기 역시 투명하게 보인다. 그리고 오른편에서 엄마는 아기를 유모차에 태우고 병원을 다시 떠난다. 두 그림 사이에 무슨 일이 일어났는지 그저 짐작할 뿐이다.

이러한 의도적 투명성은 뤼케Luquet가 정의한 지적 사실주의 시기 동안에 자주 나타나며, 이것은 어린아이들이 그림을 그릴 때 보이는 보편적인 경향이다. 우리는 그림 11에서 땅굴에 있는 마멋이 투명하게 들여다보이는 모습을 본 적이 있다. 그뿐만 아니라 그림 56에서는 내부가 훤히 들여다보이는 집을 볼 수 있다.

그림 52-c. 로잘리아(8세 4개월)가 어떤 상황의 극적인 순간을 포착하여 그린 그림.

이 그림은 빨간색 바지를 입은 소년이 암송아지에게 따라 잡히는, 극적인 순간을 표현한다. 암송아지와 사람의 경주 모습이 잘 묘사되어 있다.

사자가 사냥을 가다

로잘리아는 애니메이션 〈라이언 킹〉에서 영감을 받은 이야기를 그림 윗부분에 글로 쓴다음, 네 가지 에피소드로 나누어 그림을 그렸다.

1. 심바가 사냥을 간다.

2. 심바가 영양을 잡았다.

3. 암사자들이 영양을 뺏으러 심바에게 온다.

4. 심바가 그들에게 말한다. "오! 저것 좀 봐! 무지개야!"

암사자들이 고개를 돌린다.

그러자 심바가 영양을 입에 물고 도망간다.

그림 52-d. 로잘리아(6세 11개월)가 네 개의 장면으로 구분한 이야기.

Q) 만화책을 보는 것이 아이들이 그림을 그리도록 자극하는 데 도움이 될까요?

A) 각종 미디어가 발달하기 전, 아이가 만나는 최초의 그림은 종종 그림책이었습니다. 예를 들면, 『빨간 모자』라는 그림책에는 각 에피소드가 그림으로 그려져 있고, 아이는 단어와 그림을 연결하면서 책을 읽습니다(빨강 모자, 작은 바구니 등). 책을 읽기 전, 아이에게 그림만 보면서 직접 이야기를 만들어 보라고 하는 것도 좋습니다. 그림책 속의 수많은 그림은 단지 대상을 형상화하는데 그치지 않고 하나의 이야기를 만들어내고 있으니까요. 아이가 일상에서 경험하는 여러 가지 사건들을 그림 이야기로 만들어 보게 하세요. 아이가 만화책을 본다면, 아이는 이미 그림과 글을 연결해서 읽는데 익숙할 것입니다. 그렇다고 해서 모든 아이가 작가가 되어야 한다는 건 아닙니다.

앞서 아이가 가장 좋아하는 만화책을 참고하여 그래픽 기초 훈련을 하라고 강조했습니다. 아이에게 이렇게 물어보세요. "작가가 어떤 기호를 사용하여 얼굴을 표현하고 있니?" "인물의 감정과 태도는 어떻게 표현하고 있니?" "작가는 에피소드를 어떻게 나누었지?" "작가는 이 순간을 왜 특별하게 표현했을까?"

교사와 부모를 위한 조언

초등학교 교사들은 학생들에게 이야기를 그림으로 표현할 것을 요구합니다. 이를 위해 당신 역시 아이와 대화를 나누어 보세요. 예를 들면, "이솝 우화에서 까마귀와 여우를 어떻게 그리면 좋을까?"와 같은 질문을 던지면 좋겠지요.

그러기 위해서 아이는 우선 이야기를 잘 이해할 필요가 있습니다. '중요한 사건은 무엇일까? 중요한 순간은 언제일까?' 그뿐만 아니라 아이는 그림에 대해서 생각해야만 합니다. 중요한 순간을 잘 고를수록, 그림을 그리기가 더 어려워집니다. 이솝 우화에 등장하는 여우가 뒷발로 서서 입을 벌리고 치즈를 삼키려고 하는 모습을 그리는 것이, 네 발로 서 있는 여우를 그리는 것보다 훨씬 더 어려우니까요. 아이는 어려움에 도전할까요? 아니면 신중함을 선택할까요? 하나의 이야기를 표현한 그림은 주로 공개하기 위한 그림입니다. 이럴 경우 아이는 신중함을 선택할 수도 있습니다.

아이에게 다음과 같은 이야기를 그림으로 그려 보라고 하세요. "작은 강아지가 개집에서 나와서 뼈다귀를 먹기 위해서 울타리를 뛰어넘는다." 그런 다음 아이가 그린 그림을 관찰해 보세요. 먼저 한 장의 그림에 이야기를 요약할 수 있습니다. 1번 그림은 강아지가 개집과 뼈다귀 옆에 익숙한 자세로 앉아 있는 모습을 그렸습니다. 2번은 강아지의 동작을 연속적인 두 순간으로 나누어 간단하게 그렸고, 3번은 강아지가 뛰어오르려는 순간에 취하는 고유의 자세를 그렸습니다. 하나의 이야기를 여러 가지 에피소드로 쪼갤 수도 있습니다. 4번에서 강아지는 같은 자세를 유지하지만, 5번에서 강아지는 뛰어오르려는 순간의 동작을 취합니다.

일곱 살까지 아이는 강아지의 익숙한 모습을 그린 하나의 그림 속에 이야기를 요약하는 방법을 사용합니다(그림 1과 2). 일곱 살 이후에는 이야기를 여러 가지 에피소드로 나누거나(그림 4와 5), 뛰어오르려는 강아지의 자세를 수정합니다(그림 3과 5).

다음 이야기로 다시 연습해 볼까요?

"한 아이가 해변에서 조개껍데기를 주워서 양동이에 담고 엄마에게 보여 주기 위해서 달려간다." 아이는 이 이야기를 몇 개의 에피소드로 나누나요? 아이는 조개를 줍기 위해서 몸을 어떻게 숙일까요?

5. 집과 풍경

아이는 원과 선을 이용하여 처음으로 사람과 동물을 그린다. 네 살이 되면 사용할 수 있는 그래픽 형태의 목록에 네모와 세모를 추가하면서, 처음으로 집을 그리게 된다.

네 살이면 하나(혹은 여러 개)의 태양, 꽃, 사람, 동물, 집을 그릴 수 있다. 즉, 하나의 풍경을 구성하는 것이다.

아이가 그린 집과 풍경 그림이 발전하는 과정을 따라가다 보면, 처음으로 원근감을 표현하려는 시도를 관찰할 수 있다.

원근법의 비결

종이의 위쪽 면을 보라고 말할 때, 아이는 눈을 치켜뜨지 않는다. 종이가 수평 상태일 때 위와 아래라는 표현은, 단지 편의에 따른 것이라는 걸 아이도 이해한다. 5장에서는 위쪽 면과 아래쪽 면을 구성하는 능력이 다섯 살에서 아홉 살까지 아이가 그린 그림을 특징짓는다는 사실을 확인하고자 한다.

원근법을 이용하여 그림을 그리면 입체감을 표현할 수 있다.

하지만 원근법을 단지 하나의 그림 기법이라고 할 수는 없다. 원근법은 공간에 대한 새로운 개념이고, 세상과 맺은 새로운 관계다. 원근법의 규칙을 발견하고 배우고 적용하기 위해서 아이는 그 기초가 되는 공간의 개념, 즉 투시[10]와 시점을 이해해야만 한다.

원근법을 배울 준비가 되어 있을까?

이를 확인하고 싶다면, 아이에게 피아제Piaget와 인헬데르Inhelder에 의해서 유명해진 다음 두 가지 연습을 제안해 보기 바란다.

---

10. 한 점을 시점으로 하여 물체를 원근법에 따라 눈에 보이는 그대로 그리는 방법이다 – 옮긴이주.

내 눈에 보이는 대로 보다

아이의 눈앞에서 크레파스 하나를 집어 수직으로 세운 다음, 뒤로 30도 기울여보자. 그런 다음 또다시 30도 기울이고, 마지막으로 바닥에 눕힌다. 각 단계에서 아이에게 보이는 대로 그려 보라고 하자. 하나의 선과 조금 더 짧은 선을 그리다가 아이는 마침내 점을 그릴 것이다. 둥근 접시의 아랫면을 이용해 같은 방법으로 그려 보게 하자. 둥근 접시는 타원으로 보이다가, 결국 선으로 보일 것이다.

다른 사람이 보는 대로 보다

탁자 위에 그림처럼 세 가지 물건을 올려놓는다. 컵과 샐러드 접시를 앞쪽에 두고(당신은 A에 있다), 두 물체 사이로 보이도록 약간 뒤쪽에 물병을 둔다. 아이를 A에 앉게 하여 보이는 대로 그리도록 한 다음, B, C, D의 위치에 앉은 사람이 보는 시점에 따라 그림을 그려 보게 하자.

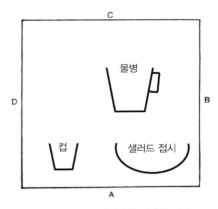

그림 53. 하나로 통일해야 할 다양한 시점들.

두 가지 수준으로 아이의 반응 구분하기

1. 아이가 크레파스나 접시 아랫면이 시각적으로 변화하는 걸 그림으로 표현하지 못하고, 자신의 시점에서 본 대로만 사물을 표현한다.

2. 아이가 크레파스가 점점 뒤로 기울어지면서 높이가 낮아지는 것과 접시의 수직 지름이 (선이 될 때까지) 줄어든다는 사실을 인식한다. 그리고 탁자 위에 배열된 사물을 보는 다양한 시점의 차이를 이해한다.

두 가지 반응을 통해서, 여덟 살이 되면 아이들은 자신의 시점과 타인의 시점을 동시에 이해하게 된다는 사실을 알 수 있다. 이것은 긴 시기 동안 유지해 온 자기중심주의의 종말을 알리는 놀라운 순간이다.

아이가 마주 앉은 사람의 오른손을 가리키고, 한 가지 시점에 기준하여 말이 끄는 수레를 그릴 수 있게 되는 나이가 여덟 살 무렵이라는 걸 기억하는가? 아이는 마침내 주위 사람들의 도움을 받아서 원근법의 규칙을 이해하고 적용할 준비를 마친 것이다.

집 그림

집은 사람 다음으로 아이들이 가장 좋아하는 그림 주제 중 하나다.

가족처럼 안전한 피난처인 집은 아이들이 가장 애정을 쏟는 대상이다. 스티븐 스필버그 Stephen Spielberg의 영화를 보면, 길을 잃고 자신의 행성에서 3백만 광년 이상 떨어진 지구로 온 E.T.는 커다란 손가락으로 하늘을 가리키며 '집'이라는 단어를 말한다.

집 그림은 기하학 도형의 집합 장소이기도 하다. 이제부터 집 그림의 발달 과정과 그 구성 요소가 풍부해지는 과정을 살펴보자.

집 그림의 발달 과정

집 그림은 다음 네 단계로 변화한다.

그림 54-a. 엘리즈(3세 8개월)가 그린, 가장 초기 형태의 집.

그림 54-b. 세실리아(5세 6개월)가 그린, 전통적인 형태의 집.

그림 54-c. 마리온(9세)이 그린, 원근법을 잘못 표현한 집.

그림 54-d. 잉그리드(12세)가 그린, 원근법을 잘 표현한 집.

가장 초기 형태의 집

엘리즈 또래의 아이들은 네모를 그려서 집을 표현하고, 그 안에 더 작은 네모를 그려서 문이나 창문을 표현한다. 종종 지붕의 모서리를 둥글게 표현하기도 한다.

전통적인 형태의 집

다섯 살에서 일곱 살 사이의 아이들이 주로 그리는 형태다. 이 나이의 아이들은 집의 정면을 직사각형으로 그리고, 지붕을 그릴 때 끝을 뾰족하게 그리거나 사다리꼴로 그린다. 그런 다음, 한 개의 문과 두 개의 창문, 연기를 내뿜고 있는 굴뚝을 그려 넣는다.

원근법을 잘못 표현한 집

주로 일곱 살에서 아홉 살 사이의 아이들이 이렇게 그린다. 이와 같은 집은 원근법을 사용하려는 의도는 있지만, 아직 기술이 부족하다. 마리온은 집의 측면 바닥을 종이 아래쪽 가장자리와 평행을 이루도록 그리고, 옆쪽 벽의 수직 모서리를 지붕 꼭대기까지 연장하여 그렸다. 이러한 '부적절한 표현'은 그림을 그리는 새로운 기술을 익히는 과정에서 나타나는 특징이다.

원근법을 잘 표현한 집

원근법을 잘 표현한 집은 아홉 살 이후에 그릴 수 있다. 수평선이 사선이 되고, 직각이 예각이나 둔각이 되고, 직사각형이 평행사변형이 되고, 단지 수직선만이 수직으로 남는다는 사실을 아이가 이해하게 되는 시기다.

아이들은 소실점을 거의 항상 오른쪽 위에 둔다. 이러한 습관적인 방향 잡기는 서로 다른 차원의 두 요소가 결합한 결과다. 선을 그리는 방향이나 글을 쓰는 방향이 주로 왼쪽에서 오른쪽으로 이뤄지는 것은 손과 주먹의 '생체 역학적' 속성 때문이다. 그런데 왼손잡이는 눈으로 보기에 편안한 방향을 따르는 경향이 있다. 따라서 사선을 왼쪽 위를 향해 그린다. 이러한 사선 역시 원근법을 이용하여 풍경의 입체감을 나타낼 때 방향을 의미한다. 즉, 왼손잡이는 소실점을 왼쪽 위에 두고, 멀어지는 요소를 종이의 왼쪽 위에 그리는 것이다.

ZOOM : 거의 보편적인 문화적 상징

직사각형 정면과 뾰족한 지붕으로 이루어진 집 그림은 모든 연령대의 아이들이 그린 그림에서 다양한 비율로 나타난다. 이러한 모양은 우리가 집에 대해서 가지고 있는 보편적인 생각에 대한 상징적 표현(△)이다. 어쩌면 이 책을 읽기 전 당신 역시 집을 그릴 때 이런 모양을 떠올리지 않았을까?

그림 55. 닐(4세), 니콜라스(4세 9개월), 로잘리아(6세 6개월).

세계 어느 곳에서든 아이들은 이런 모양의 집을 그린다. 예를 들면, 말리의 아이들은 집 밖에 수돗가가 있는 그들 마을의 전통적인 오두막집을 그리지만, 다양한 그래픽 매체를 통해서 알게 된 서구식 집도 그린다.

이러한 집 구조는 수많은 건물 그림에서 나타나는 중요한 공통점이다. 다만 닐은 마을의 종탑을 그리기 위해서 지붕 꼭대기에 십자형을 더 그려 넣었다. 니콜라스는 풍차를 그리기 위해서 날개를 추가로 그렸고, 로잘리아는 정면에 '학교'라는 단어를 써넣었다.

세부 묘사가 점점 더 풍부해지는 집 그림

아이가 그리는 집은 건축 양식이 발달할 뿐만 아니라 세부 묘사도 점점 더 풍부해진다.

집에 대한 세부 묘사가 발달하는 과정을 하나의 기준으로 규정할 수는 없다. 여러 아이들이 각 나이에 그린 집은 저마다 다양한 요소를 표현하기 때문이다. 그런데도 다음과 같이 보편적인 경향을 드러낸다.

- 다섯 살 이전 : 정면, 지붕, 문, 한두 개의 창문, 굴뚝.
- 다섯 살에서 일곱 살 사이 : 문손잡이, 창문 유리 혹은 셔터, 굴뚝에서 나오는 연기, 지붕 위의 기와, 텔레비전 안테나(위성 안테나가 점점 더 자주 등장한다), 주차장.
- 여덟 살 이후 : 창문 커튼, 난간, 꽃병, 외부 계단, 우편함, 장식(나무, 정원 울타리), 관찰 능력의 발달을 나타내는 아주 세밀한 장식들.

이러한 긴 발달 과정을 거치는 동안, 집은 점점 더 많은 세부 요소를 담아야 하므로 그림에서 차지하는 면적이 점점 더 증가했는지도 모른다.

집 그림에 나타난 특이한 표시

그림 56-a. 엠마누엘(5세 9개월)과 니콜라스(5세 3개월).

엠마누엘이 그린 집은 창문으로 가득하다. 이것은 단순히 건물을 뜻할 수도 있고, 장식하려는 의도일 수도 있으며, 여백을 메우려는 보편적 경향일 수도 있다(손가락이나 다리처럼). 니콜라스가 그린 집처럼 몇몇 집은 미소를 짓기도 한다. 이처럼 '얼굴'이 담긴 집은 의인화 그림의 한 예다(127쪽 ZOOM 참고).

집의 내부를 보여 주려는 경향은 열 살까지 계속된다. 연기가 피어오르는 굴뚝과 마찬가지로 아이는 어쩌면 집 안에 사람이 살고 있다는 것을 표현하고 싶은 것일 수도 있다. 그림 56-b에서 라파엘은 실내 구조를 완전히 표현한다. 물론 이 그림에서도 여러 가지 시점이 뒤섞여 있다. 정면을 통하여 보이는 탁자와 의자는 위에서 내려다본 모습으로 그려져 있다.

마르코는 집 정면의 위쪽 모서리와 옆쪽 모서리에 창문을 붙여서 그렸다. 집 정면의 아랫선은 그리지 않고 도화지 하단에 그림을 이어서 그렸다. 심지어 정면 옆쪽 벽을 도화지 옆선으로 대체하는 경우도 있다. 이를 통해, 아이는 선을 최소한으로 그리려는 의도를 드러낸다.

그림 56-b. 라파엘(9세)과 마르코(7세).

상상 속의 집

그림 56-c. 로잘리아(5세 7개월, 7세 8개월).

왼쪽 '사과 집' 속에는 지렁이 아저씨가 살고 있다. 지렁이 아저씨는 '살고 있음'이라는 팻말을 세운 자신의 사과 집 속으로 들어가고 있다. 오른쪽의 집은 파토치코 부인(1층에서 텔레비전을 보고 있다)이 자신의 동물들과 함께 살려고 상상으로 만든 집이다.

ZOOM : 의인화 그림

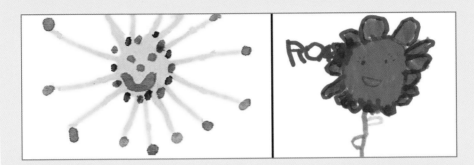

앞서 동물 그림을 다루면서 아이들이 사람의 모습을 한 동물을 그리는 경향이 있다는 사실을 살펴보았다. 그 시기 아이들은 본의 아니게 사람의 모습을 한 동물, 즉 인간의 얼굴을 하고 두 발로 서 있거나, 꼬리가 있는 동물의 모습을 그렸다. 왜냐하면 달리 그리는 방법을 모르기 때문이다. 하지만 아이들은 때로 그림 속에 인간의 얼굴을 자발적으로 그려 넣기도 한다.

예를 들면, 여섯 살 세실은 동그란 태양 안에, 네 살 로잘리아는 동그란 꽃 속에 각각 얼굴을 그려 넣었다. 사물을 의인화하여 그림을 그리려는 경향은 여자아이와 남자아이 모두에게 나타나며, 특히 네 살과 일곱 살 사이에 빈번히 나타난다. 이 현상을 어떻게 설명할 수 있을까?

아이가 상상의 대상과 놀이를 하는 것일까? 시적인 감수성을 드러내는 것일까? 혹은 삶의 기쁨을 표현하는 것일까?

사물을 그린 후 추가로 그려 넣은 얼굴은 마치 사람을 그릴 때처럼 늘 웃고 있다. 그리고 여러 연구 결과에 의하면, '행복한' 집이나 사람을 그려달라고 요구하면 아이들은 종종 이런 종류의 그림을 그린다. 태양이 타오르는 것만으로 충분하지 않기 때문에 미소를 짓게 만들 필요가 있었던 거다.

지붕 위의 굴뚝

아이들이 그린 집의 약 70% 정도는 굴뚝이 대체로 지붕의 오른쪽 경사면 위에 있다.

그림 57. 두 그림 비교하기.

두 그림 모두 굴뚝의 위치는 같다. 하지만 여섯 살 아이가 그린 왼쪽 그림에서 굴뚝은 기울어져 있고, 여덟 살 아이가 그린 오른쪽 그림에서 굴뚝은 수직으로 서 있다.

왜 굴뚝은 지붕의 오른쪽 경사면 위에 있을까?

왜냐하면 그리기가 더 쉽기 때문이다. 오른손잡이 화가는 오른쪽 경사면에 굴뚝을 그릴 때 자기가 그리고 있는 것을 더 잘 볼 수 있다. 따라서 기울어진 굴뚝을 오른쪽 위에 그리는 것을 선호한다. 왼쪽 경사면 위에 굴뚝을 그리면, 손이 그림을 가려 선을 그리기가 불편해진다.

왼손잡이 아이들은 종종 지붕의 왼쪽 경사면 위에 굴뚝을 그린다. 하지만 성장하는 동안 오른손잡이가 그린 굴뚝에 익숙해지면서, 그런 그림을 모방하려는 경향이 생긴다.

왜 굴뚝은 기울어져 있을까?

"수직선은 내 마음속에 있다. 수직선은 내가 선의 방향을 정확히 그을 수 있도록 도와준다. 빠르게 그림을 그릴 때조차 나는 수직선과의 관계를 생각하지 않고서는 풍경 속 나뭇가지와 같은 단 하나의 곡선도 그리지 않는다."

— 마티스(Matisse)[11]

여섯 살 아이들 중 75% 정도가 기울어진 굴뚝을 그리지만, 열 살이 되면 이 비율은 25%로 감소한다. 그 이유는 무엇일까?

그래픽 공간은 물리 법칙을 따르지 않는다. 그림 속 슬퍼하는 사람의 눈물은 젖지 않으며, 꽃은 시들지 않고, 기울어진 벽난로는 쓰러지지 않는다. 아이는 이러한 통념을 따른다.

아이는 지붕의 경사면과 수직인 선을 그리기 때문에 굴뚝이 기울어지게 된다. 이것은 좀처럼 고치기 힘든 보편적 경향이다.

아이가 그림에 대한 이러한 내적 기준을 포기하고 종이 옆선에 따라 수직 방향으로 기준을 바꾸기 시작하면, 굴뚝은 바로 서게 된다. 마티스가 그랬던 것처럼, 수직 방향과 쌍둥이 자매인 수평 방향은 그때부터 그림을 그리는 아이의 '나침반'이 된다.

나는 집으로 돌아가고 싶지 않아요

한 장의 그림 속에 여러 가지 요소를 한꺼번에 담기 시작하면서, 비율의 문제가 등장한다. 당신의 아이는 집과 사람 사이의 비율을 지키는가? 이것은 옆에 있는 어른이 지도하기에 달려 있다.

사람과 집 그리기

오랜 시간 동안 아이의 그림에는 사람의 키가 집의 크기에 비교해서 지나치게 크게 표현된다. 마치 아이의 마음속에 있는 그림을 구성하는 요소가 다른 세상의 것처럼 보인다.

집 안으로 들어가는 사람 그리기

이렇게 큰 사람이 몸을 숙이지 않고 집으로 들어갈 수 있을까?

다섯 살부터 아이는 집을 그린 다음 그림 58처럼 사람의 키를 문의 크기에 맞춘다. 어느 정도 제한적인 상황에서 비율을 지킬 수 있게 되었기 때문이다.

---

11. In Aragon, *Henri Matisse, roman* Paris, Gallimard, 1998, p 570.

그림 58. 줄리엔느(5세 9개월)가 사람과 집을 그린 다음, 집 안에 들어가는 사람을 그렸다.

교사와 부모의 질문

Q) 아이가 수직으로 서 있는 굴뚝을 그리는 법을 배울 수 있을까요?

A) 일곱 살 미만의 아이가 수직으로 서 있는 굴뚝을 꾸준히 그리는 것은 힘듭니다. 왜냐하면 그 나이 때는 아직 수직과 수평의 개념이 잡혀 있지 않기 때문입니다. 즉, 아이에게 아직 그걸 안내해 줄 나침반이 없습니다. 이 나이의 아이에게 기울어진 것은 오히려 수직으로 서 있는 굴뚝이랍니다.

그렇다면 어떻게 알려 주면 될까요?

아이에게 굴뚝이 지붕을 장식하는 외부 부속물이 아니라, 집 안을 관통하는 파이프가 밖으로 보이는 것임을 그림이나 모형으로 설명해 주세요.

집의 구조에 대한 이와 같은 정보는 아이의 내적 표상을 바꾸어서 그림을 수정하는 데 도움이 될 수 있고(위쪽 그림), 그렇지 않을 수도 있습니다(아래쪽 그림).

아이가 이러한 정보를 잘 이해했는지 확인해 보세요.

그림 59. 구조에 대한 정보를 준 후에 그린 굴뚝 그림.

같은 나이의 아이라고 하더라도 건축 양식이나 세부 묘사를 다르게 하여 집을 그립니다. 당신의 아이가 그린 집의 건축 양식(공간 조직 능력)과 세부 묘사(관찰력)가 함께 발달하는 과정을 관찰해 보세요. 어떤 아이들은 꽤 오랫동안 세부 묘사가 풍부한 전통적인 형태의 집을 그리지만, 또 다른 아이들은 세부 묘사를 포기하고 원근감을 살린 집을 그리기도 합니다.

연습 놀이

아이에게 집 옆에서 강아지를 데리고 산책하는 사람의 그림을 그려 보라고 하세요. 그런 다음 이 세 가지 요소의 높이를 비교해 보세요. 발렌틴의 그림에서 사람의 키는 제일 먼저 그린 집의 높이에 비교해서 너무 큽니다. 하지만 마지막에 그린 강아지의 키는 사람의 키에 비례합니다. 아이가 발달하는 과정에서 집의 높이는 안정적으로 유지되지만, 사람과 개의 크기는 점차 줄어듭니다.

발렌틴(6세), 집 옆에서 강아지를 데리고 산책하는 남자.

아이가 보이는 경향을 두 가지로 정리해 볼 수 있습니다.
1. 하나의 요소가 두 번째 혹은 세 번째로 그려지면 맨 처음 그려질 때보다 더 작아집니다.
2. 하나의 요소가 더 작을수록 집의 높이는 더 높아 보입니다.

아이의 마음속에 마티스가 말하는 나침반이 있을까?

당신의 아이는 산의 경사면에 있는 나무와 사람을 어떻게 그리는가? 40도 기울어진 물병 속 물의 높이를 어떻게 표현하는지도 확인해 보자.

그림 60. 마라(7세 4개월)와 알릭스(10세).

마라는 스키를 타는 사람들과 나무들을 경사면과 수직으로 그렸다. 스키를 타는 사람들이 정면을 바라보고 있다는 사실 역시 눈에 띈다. 마라보다 세 살 많은 알릭스는 스키를 타는 사람과 나무를 종이 밑 선에 수직으로 서 있는 모습으로 그렸다. 그리고 스키를 타는 사람은 옆모습을 보인다.

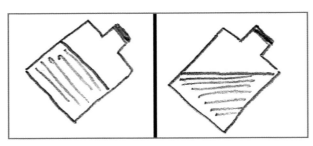

그림 61. 물병 속 물의 높이.

여덟 살이 될 때까지 물병 속 물의 높이는 수평이 아니다. 이것은 종종 물병의 가장자리와 수직을 이루거나 혹은 중간 정도의 위치에 있다. 여덟 살 정도가 되면, 물의 높이는 수평을 유지하게 된다. 다시 말해, 아이가 마음속 나침반을 가지게 되는 시기는 여덟 살 경이다. 그때쯤이면 굴뚝은 똑바로 서게 되고, 사람들과 나무들은 산의 경사면 위에서도 수직으로 서 있고, 물병 속 물의 높이는 수평을 이룬다.

아이가 물병 속 물을 표현하는 방식을 개선하도록 도와줄 방법이 있다. 투명한 물병에 색깔이 있는 액체를 반쯤 채우고 액체의 높이에 맞춰서 물병 앞에 자를 세워 두자. 그런 다음에 아이의 눈앞에서 물병을 오른쪽으로 기울여 보자. 놀랍게도 액체는 자와 같은 높이를 유지하며, 물병과 함께 기울어지지 않는다. 아이가 관찰한 내용을 이해했는지 확인해 보자.

풍경 그림

'아름다운 그림을 그려 달라'고 요구하면, 아이들은 종종 사람이 사는 풍경을 그린다. 수많은 나라에서 이러한 경향이 우세하다.

풍경 그림은 어디에 무엇이 있는지 보여 주는 형태의 이미지다. 아이는 그 시점에 자신이 그릴 줄 아는 대부분을 그린다. 태양, 꽃, 사람, 나무, 동물, 집 등이 풍경 그림에 자주 등장하는 요소다.

네 살에서 열 살 사이에 풍경은 새로운 요소로 다채로워지고, 무엇보다 이러한 요소의 구도가 바뀐다. 단순한 나열식 구성에서 상·하식 구성을 거쳐서 어느 정도 원근감을 잘 살린 구성에 이르기까지, 이러한 변화 과정을 따라가 보자.

그림 62. 로잘리아(4세).

네 살이나 다섯 살 무렵의 아이는 집, 사람, 태양, 꽃, 나무 등 풍경을 구성하는 네다섯 개의 요소를 종이 위에 닥치는 대로 그려 넣거나, 초보적인 공간 구성에 따라 나란히 배치하기도 한다. 이처럼 여러 요소를 나열하는 방식은 어린아이 그림의 보편적 경향이다.

땅은 아래에, 하늘은 높이

다섯 살에서 여덟 살 사이의 아이들은 도화지 밑 선이나 도화지 하단에 그린 기저선을 기준으로 땅에 속하는 요소를 그리고, 하늘에 속하는 요소(태양, 구름, 새, 비행기)는 도화지 상단, 파란색 하늘 속에 그린다.

하나의 통일된 시점이 없는 이러한 공간 구성은 아이의 머릿속 상태와 일치한다. 아이들은 공간을 형상화할 준비가 되어있지 않으므로, 도로, 길, 강, 산의 위치를 잡는 게 여전히 힘들다. 만일 아이에게 이와 같은 요소를 그리라고 한다면, 아이는 그림 64의 한나처럼 수평으로 층을 이루며 그릴 것이다.

그림 63. 엘리즈(5세 6개월).

그림 64. 한나(7세 6개월)가 수평으로 층을 이루며 그린 풍경.

반대로, 원근감이 표현된 그림에서 도로, 길, 강, 산의 요소은 중요한 기능을 담당한다. 즉, 공간을 가로지르며 입체감을 나타내는 것이다.

원근감을 어느 정도 잘 살린 그림

여덟 살부터 아이들은 원근법을 적용하려고 노력하면서 다양한 요소를 공간 속에 통합하여 표현한다. 이제 땅은 도화지 하단이 아니라 다소 넓은 면적을 차지한다. 아이는 사선, 지평선과 각 요소의 크기를 줄이면서 처음으로 입체감을 표현하려고 노력한다.

그림 65-a. 로잘리아(7세 3개월).

그림 65-b. 아눅(8세).

그림 65-c. 엘리즈(7세 6개월).

그림 65-d. 로잘리아(8세 2개월).

그림 65-a와 65-b에서 입체감은 집으로 이어지는 길(문 뒤에 위치한 소실점을 향하고 있다)과 초록색 풀밭 사이를 흐르는 강으로 표현되었다.

반면, 그림 65-c와 65-d에서 입체감은 사선이 아니라 수평선으로 표현된다. 수평선이 높이 있을수록 풍경은 광활해지고 아이는 더 많은 장면을 보여 준다. 그림 65-d를 보면 수평선은 없지만 섬세한 표현으로 입체감을 드러낸다. 멀리 있는 야생마의 무리가 초원 위를 달리고 있는데, "야생마들은 멀리 있기 때문에 작게 그렸어요"라고 말하는 듯하다.

그림 65-b에서 집은 정면을 향하고 있고, 그림 65-c에서 하늘은 여전히 도화지 상단에 푸른색의 좁은 띠로 나타난다. 그림에 대한 오래된 통념에서 비롯한 이 표현은 원근감을 표현할 수 있는 구조를 구상할 때 장애가 된다.

교사와 부모의 질문

Q) 길을 왜 이렇게 길게 그릴까요?

A) 원근법의 습득은 아주 느리게 이루어집니다. 이것은 공간 표상 능력[12]의 발달뿐만 아니라 관습적인 그림 규칙의 습득, 그리고 효율적인 실행 능력과도 관련이 있습니다.

열 살 혹은 그 이상의 나이가 될 때까지도 단지 몇몇 아이만이 최소한의 원근법을 적용하면서 풍경을 그릴 수 있게 됩니다.

그렇다고 해서 여덟 살부터 공간 표상 능력을 문제 삼을 필요는 없습니다. 단순히 아이가 기술을 완전히 습득하지 못했고, 이러한 새로운 방식이 가져올 모든 결과를 완전히 이해하지 못했을 뿐이니까요.

그림의 각 요소가 전체와 밀접한 관련이 있다는 사실을 인식하는 것은 쉬운 일이 아닙니다. 즉, 내가 집의 옆쪽 벽을 그리기 위해서 그은 기준선이 수평선에 위치한 소실점까지 이어지는 선이며, 이 소실점이 공간을 구성한다는 사실을 인식하지 못하는 것이죠.

---

12. 어떤 물체가 특정한 공간에서 방향이나 상태가 바뀌었을 때 그 물체를 상상하는 능력이다 - 옮긴이주.

교사와 부모를 위한 조언

아이에게 그래픽 기초 교육을 해 보세요.
시선의 높이와 일치하는 수평선의 높이는 문화권의 영향을 받으며(아시아에서는 서양에서보다 수평선을 더 높이 그린다), 풍경의 미학을 결정합니다. 반 고흐(Van Gogh)가 아를에 머무는 동안 그렸던 <들판의 농부>와 같은 풍경화를 놓고, 밭이나 하늘을 그릴 때 수평선을 어디에 두었는지 아이와 함께 살펴보세요.

연습 놀이

일곱 살 아이에게 철길을 직접 보면서 그리거나, 자유롭게 상상해서 그리라고 해 보세요. 만일 철길을 있는 그대로(시점 없이) 인식한다면, 아이는 사다리처럼 평행한 철길을 그릴 겁니다. 만일 아이가 철길이 평행한 상태를 유지하기 위해서 지평선에서 만나야 한다고 생각한다면, 삼각형 모양으로 그릴 겁니다. 이러한 연습을 하는 동안 아이에게 필요한 기술을 설명해 주세요.
두 개의 테니스공을 아이의 시선에서 볼 때 하나가 다른 하나를 가리도록 배치하세요. 아이에게 테니스공을 보이는 대로 정확하게 그려 보라고 하세요. 어떻게 그리나요? 아이가 어리다면 두 개의 공을 구별되는 두 개의 원으로 그릴 거예요(공마다 하나의 위치를 정합니다). 여섯 살이나 일곱 살 무렵의 아이는 하나의 원(앞에 위치한 공)을 그린 다음, 거기에 다른 원의 일부(뒤에 위치한 공의 보이는 부분)를 연결하여 그려서 부분적으로 가려진 모습을 표현합니다.
아이가 풍경의 입체감을 표현하기 위해서 부분적으로 가려지도록 그리는 기법(예를 들면, 집 뒤에 일부가 감춰진 나무의 모습)을 이용하고 있나요?

6. 보편적·문화적·독창적 언어

우리는 앞에서 그림을 '그래픽 언어'라고 정의했다. 음성 언어와 마찬가지로 그래픽 언어 역시 아이의 나이에 따라 발달한다.

최초로 그리는 보편적 모습은 각 문화의 영향을 반영한다. 그렇기 때문에 우리는 그림을 그린 사람의 성별이나 문화적 특수성에 기인한 다양한 모습을 관찰할 수 있다. 더불어 개인적 독창성은 예외로 취급되어 특별한 관심을 받기도 한다.

보편적 언어와 문화의 영향력

처음으로 그린 그림 속에 나타나는 보편적 언어는 문화적 영향을 받다가 기술적 도움을 받아 점차 강화된다.

일곱 살 이전 : 그림은 내면에서 터져 나오는 외침이다

그림 66. 온핌, 루이스, 피에르가 그린 세 명의 기사.

세 개의 그림을 보고 그린 시대를 짐작할 수 있겠는가? 왼쪽 그림은 1230년 모스크바의 북서쪽 노브고르드에 살던 온핌Onfim이라는 어린 소년이 박달나무 껍질에 새겨 놓은 그림이다.

가운데 그림은 프랑스 국립 도서관에 있는, 루이 14세가 어릴 때 그린 스무 점의 그림 중에서 발췌한 것이다. 오른쪽 그림은 현재 프랑스에 사는 다섯 살 반 소년, 피에르가 그린 그림이다.

당신 역시 아이가 그렸던 그림을 간직해 왔을 것이다. 그림에 날짜와 이름을 써두는 것을 잊지 말자. 세월이 흐른 후 아이의 그림을 정확하게 구분할 수 있을지 장담할 수 없다.

이 '황금의 시기' 동안 아이가 그린 그림은 서로 비슷해 보인다. 똑같은 기본 형태(원, 타원, 사각형, 삼각형 등)를 단순한 규칙에 따라 결합하여 그리기 때문에, 아이가 그린 그림은 서로 비슷한 보편적 경향을 보인다.

이러한 보편적 경향을 다음과 같이 정리했다.

보편적 경향	사례
시점의 혼재 및 회전.	말이 끄는 수레와 사람이 모는 수레.
흔히 나타나는 실수.	암소의 시선은 정면을 향하고 있지만, 몸통은 옆을 보고 있을 때의 모습이다. 냄비 손잡이가 가려져 있음에도 불구하고 그린다.
의도적인 투명성.	산속의 마르모트, 집 내부 구조, 배 속에 있는 아기.
그림과 글씨의 혼재.	서명.
복잡한 형태의 단순화와 대칭적 구조.	방사형의 두족인.
선의 교차와 중복 피하기(하나의 위치에 하나의 요소만 그림).	팔의 생략. 말 위에 떠 있는 기사.
연결의 실수.	사람의 머리에 붙어 있는 팔.
공간이 허락하는 만큼 같은 요소를 반복하여 채워넣기.	손가락, 동물의 다리, 외투의 단추, 집의 창문.
수직을 이루는 선.	지붕의 경사면과 수직을 이루는 굴뚝, 산의 경사면과 수직을 이루며 서 있는 사람.

아이의 그림 발달 과정은 성장에 따른 제약에 의해 결정된다. 세상 모든 아이가 비슷한 방식으로 성장하는 것과 마찬가지로, 아이의 그림 역시 무척 순수하고 사랑스러운 '유아 스타일'로 규정할 수 있다. 문화적 영향을 받는 아이의 '원시적인' 그림은 세상 모든 아이를 하나로 이어 주며, 시간을 초월하는 보편적 언어다.

> **교사와 부모를 위한 조언**
>
> 아이가 도형과 기호를 가지고 놀 수 있는 환경을 만들어 주세요.
> 당신의 아이는 오늘날 세상의 모든 아이들과 마찬가지로, 어쩌면 늘 그래왔다는 듯이 그림을 그리고 있을 겁니다. 아이의 그림은 같은 특징을 보여 주고, 당신은 그 특징을 통해서 아이를 더 잘 이해하게 됩니다. 아이가 발달하는 과정을 따라가다 보면, 어느 시기에 나타났던 특징이 이내 사라지는 모습도 보게 됩니다. 혼재되어 있던 시점은 하나의 시점으로 통일되고, 의도적인 투명성은 사라지며, 굴뚝은 다시 똑바로 섭니다.

일곱 살에서 아홉 살까지 : 그림은 외부로부터 힘을 얻는 외침이다

다양한 문화를 비교한 수많은 연구 결과에 의하면, 그래픽 문화가 없거나 예술적으로 빈약한 환경 속에서 사는 아이들과, 거주하고 있는 마을에 학교가 없거나 정규 교육을 받지 못하는 아이들(학교에서 맺는 친구 관계로부터의 혜택도 받을 수 없다), 그림에 대한 자극을 거의 받지 못하는 아이들은 보편적인 기하학 도형의 수준을 넘지 못하는 그림을 그린다.

널리 알려진 루소의 사상[13]과는 대조적으로, 아이의 개인적 재능은 문화적 영향을 받지 못하면 빠르게 사라진다. 즉, 일곱 살부터 그림의 발전은 그 이전과 비교해서 아이가 자라고 있는 문화적 환경의 풍요로움에 더 많이 좌우된다.

인류는 수만 년 전부터 그림을 그렸다. 환경 속에 존재하는 그래픽 모델은 수 세기의 역사를 통해서 형성되었다. 그림 그리는 법을 배우는 것은 이러한 풍요로운 자산에 마음을 열고서 그 핵심을 자기 것으로 만드는 과정이다.

---

13. 루소는 그의 저서 『에밀』에서 "어린이는 자유롭게, 오직 자기의 소질에 따라서 항상 자기의 감정에 충실하게, 그리고 아주 자연스럽게 성장해야 한다. 이를 위해 모든 반反 자연, 이른바 관습과 규칙 등은 거부해도 좋다. 기독교의 원죄설마저 거부할 수 있다. 교육은 어디까지나 소극적인 역할을 하는 데 그쳐야 하며, 그 과제는 인간의 정상적 발달을 방해하는 모든 사회생활의 영향을 없애는 데 있다"라고 주장하며 자연에 의한 교육을 강조하였다 – 옮긴이주.

외침은 음악이 된다

열 살부터 아이들은 '나는 그림에 소질이 없어요'와 같은 말을 하기 시작한다. 아이의 기술적 능력은 한계에 다다르지만, 아이의 비판 정신이나 미적 감각은 점점 더 높은 수준을 요구하면서 자신의 그림을 냉정한 시선으로 판단하게 된다. 아이는 더 이상 형태와 기호를 즐기는 것이 아니라, 그들과 싸우고 있다. 그리고 지우개를 사용하여 수정하는 것만으로는 한계를 느낀다.

아이가 주위에서 접하는 모델 수준으로 그림을 그리려면, 단지 풍부한 그래픽 환경만으로 충분하지 않다. 기술적 능력의 습득을 통한 뒷받침이 없다면 아이는 의기소침해져서 그림 그리는 것을 멈추고 만다.

아이의 그림에 성별이 드러날까

　신체적 · 지적 능력, 사회 적응력, 흥미와 동기, 정서적 지능, 대인관계 방식 등에서 남자아이와 여자아이는 서로 차이를 보인다. 이러한 차이는 대부분 아주 미미하지만, 여러 연구를 통해서 꾸준히 강조되고 있다. 그림에서도 이러한 차이들은 다양한 방식으로 나타난다.

그림은 여자아이들의 놀이다?

　모든 문화 속에서 남자아이와 여자아이가 같은 유형의 놀이를 즐기지는 않는다. 남자아이는 그림을 그리는 것을 싫어하고, 축구와 같은 신체 활동을 더 좋아하는 것처럼 보인다. 여자아이는 사회적 관계에 관심이 많으며, 그림 그리기나 인형 놀이 같은 정적인 활동을 더 좋아하는 것처럼 보인다. 그리고 여자아이보다 남자아이가 반대되는 성별의 놀이를 배척하는 경향이 더 강하다. 사회적 분위기 역시 남자아이 같은 여자아이보다 여자아이 같은 남자아이를 더욱 배척하는 경향이 있다.

　주의하자! 고정 관념은 어둠 속에 숨어서 우리를 위협한다.

　"이 아이는 남자아이야. 남자아이는 그림 그리는 것을 좋아하지 않아. 따라서 노력해야 해. 그림을 잘 그리지 못하니까."

　"이 아이는 여자아이야. 여자아이는 그림 그리는 것을 좋아해. 그러므로 차분하게 혼자 보낼 시간이 필요해. 게다가 여자아이는 그림을 잘 그려."

　아이는 사람들이 자신에게 보내는 이미지에 맞추려고 노력한다.

성별에 따라 선호하는 그림의 차이

아이들에게 그림을 그려 보라고 하면, 남자아이와 여자아이는 같은 그림을 그리지 않는다.

그림 67. 베네딕트(7세)와 루안느(5세).

여자아이는 주로 별이나 나비, 하트로 장식된 꽃다발, 요정, 공주 등을 그린다.

그림 68. 니콜라스(4세 8개월)와 디미트리(5세 6개월).

남자아이는 주로 성과 요새, 다양한 탈것(해적선, 로켓, 소방차), 로봇, 괴물, 그 밖의 다른 동물들을 그린다.

그건 나야!

보통 여자아이는 여자아이를 그리고 남자아이는 남자아이를 그린다. 아이는 각자 인물의 성적性的 특징을 강조한다.

그림 69-a. 로잘리아(7세 11개월), 리완(8세 3개월), 올리비아(8세)가 그린 낭만적인 소녀.

그림 69-b. 샤를리(9세 6개월), 올리비에(7세 9개월), 가브리엘(7세 6개월)이 그린 건장한 소년.

그림 69-a는 날씬한 몸매를 강조하는 드레스를 입은 여성들이 동물을 데리고 있거나 낭만적인 배경 속에 서 있다. 커다란 얼굴과 정성스럽게 손질한 머리 모양이 돋보이며, 팔의 위치에 의해서 활기가 표현된다.

그림 69-b는 '람보' 스타일의 어깨가 넓고 건장한 남자와 검이나 권총으로 무장한 전사, 다리 근육이 단단하고 발이 큰 운동선수를 보여 준다.

이 그림들은 외모의 성적 특징에 큰 가치를 부여한다. 남자아이는 힘, 시합, 공격성을 강조하고, 여자아이는 여성성, 공감, 사회성을 강조한다.

이것은 아이의 성 정체성을 알려 주는 좋은 지표다(아래 ZOOM 참고). 만약 남자아이가 요정이나 공주를 그린다면, 주위 친구들로부터 좋은 평가를 얻지 못할 것이다.

ZOOM : 성 정체성의 형성

남자아이와 여자아이의 차이는 처음에는 아주 사소하지만(유전자 그리고/또는 호르몬에 따른 특징), 성 정체성과 성에 따른 교육 방식에 의해서 점점 커지다가, 사회적 학습 때문에 확연하게 드러난다.

이 차이는 태어나면서부터 시작된다(심지어 태어나기 전에 시작되기도 한다).

세 살 무렵 아이는 자신의 성 정체성을 의식하게 되는데, 이와 같은 자의식은 나중에 있을 선택의 방향을 결정짓는다(역할 모델, 파트너, 놀이 스타일 등). 하지만 일시적으로 아이는 이러한 정체성과 성적 차이가 영원히 지속하는 것인지(내가 어른이 되어서도 여전히 여자일까?) 의문을 품기도 하고, 양성의 장점을 누리기도 한다.

여섯 살 무렵 아이는 이러한 성 정체성을 평생 간직하게 될 것이라는 사실을 깨닫는다. 이 시기에 아이는 성과 관련한 고정 관념을 순응해야 하는 것으로 받아들이고, 이것이 이분법적인 사고방식, 즉 여자/남자, 강함/약함 등과 완벽하게 결합하면서 성 정체성은 더욱 확고해진다.

이 집은 누가 그린 것일까?

아래 두 집을 살펴보자. 여덟 살 된 남자아이와 여자아이가 그린 것이다. 어떤 집이 남자아이가 그린 것일까?

그림 70. R(8세)과 같은 나이의 A.

왼쪽 그림에서 라울은 위성 안테나, 굴뚝 덮개, 벽돌 장식, 주차장의 자동차 등 '기술'과 관련된 세부 묘사를 강조하고 있다. 반면, 오른쪽 그림에서 아그네스는 장식적 요소에 신경을 썼다. 커튼으로 창문을 장식하고, 난간에 화병을 두고, 매트를 깔고, 나무가 있는 작은 정원을 그렸다.

집과 관련하여 남성적 역할과 여성적 역할에 대한 고정 관념이 아이 마음속에 이미 자리 잡고 있음을 보여 준다.

교사와 부모의 질문

Q) 여자아이와 남자아이가 가장 좋아하는 색깔은 각각 무엇인가요?

A) 가장 좋아하는 세 가지 색깔에 대한 질문을 던지면, 여자아이는 분홍색, 빨간색, 파란색을 말하고 남자아이는 빨간색, 파란색, 검은색을 말합니다.

빨간색과 파란색은 어린 시절을 상징합니다. 분홍색은 이분법적인 색으로, 여자아이가 색깔을 선택할 때 제일 먼저 머릿속에 떠올리는 색이지만(네 명 중 한 명), 남자아이의 팔레트에는 포함되지 않는 색이죠. 이러한 특수성은 우리 사회에서 실제로 코드 역할을 하는 분홍색/파란색의 이분법과 유사합니다. 장난감 카탈로그를 넘겨보세요. 파란색 색인은 남자아이용 장난감, 분홍색 색인은 여자아이용 장난감을 의미합니다.

교사와 부모를 위한 조언

해마다 아이의 생일이 되면 친구들에게 '예쁜 그림'을 생일 선물로 그려달라고 부탁해 보세요. 이 그림들을 하나의 공책에 모아두면 다양한 아이디어를 얻게 됩니다(나이에 따른 발달 과정, 개인적인 차이 등).

그리고 시간이 흐르면 이 그림은 아이에게 소중한 재산이 되겠지요.

연습 놀이

아이의 성적 고정 관념은 어느 정도인가요?

- 용감하다
- 수다스럽다
- 겁이 많다
- 상냥하다
- 귀엽다
- 공격적이다
- 차분하다
- 감수성이 예민하다
- 강하다
- 호전적이다
- 겁이 많다
- 난폭하다

위에서 나열한 특징이나 머릿속에 떠오르는 다른 특징을 아이에게 보여 주면서 남자, 여자 혹은 둘 다 해당하는지 구분해 보라고 하세요.

같은 맥락에서 아이에게 여자아이를 위한 생일 간식에 대해서 말한 다음, 남자아이를 위한 생일 간식에 대해서 상상해서 말해 보라고 하세요. 여자아이와 남자아이를 위해 상상한 놀이 와 행동에 관해서도 함께 이야기해 보세요.

이것은 대화의 좋은 소재가 됩니다.

역사적 · 문화적 차이

아이의 그림은 일상적인 환경, 사회의 지배적 가치관, 전통 축제, 그래픽 환경, 미디어를 통해서 퍼져 있는 상상 세계, 비디오 게임 등으로부터 영향을 받는다. 이러한 요소는 과거에서 현재에 이르기까지 꾸준히 변화하고 있으며, 지역에 따라 차이가 있다. 아이의 그림은 이러한 변화를 수용하고 그 차이를 반영한다.

다른 시대의 그림

그림 71. 술리(1896), 루마(1913), 뤼케(1927)가 그린 옛날 그림.

과거에 남자들은 말을 타고 파이프 담배를 피우고 모자를 쓰고 지팡이를 짚고 다녔다. 여자들은 양산을 쓰고서 산책을 하고, 아이들은 둥글게 모여서 춤을 추거나 굴렁쇠를 굴리며 놀았다. 그림 71과 같은 선조들의 그림 속에서, 우리는 일상적인 삶의 요소를 살펴볼 수 있다. 더 이상 파이프 담배를 피우지 않게 되면서 그림 속 사람이 정면을 바라보게 되었다는 사실도 주목할 만하다. 오늘날 그림 속 사람은 종종 야구 모자를 쓰고 있는데, 그 때문에 다시 옆모습을 보이기도 한다. 집을 그린 그림에서 지붕 위에 있는 갈퀴 모양의 안테나는 1960년대에는 발전의 상징이었지만, 지금은 위성 안테나로 교체되고 있다.

그림 72. 스웨덴 아이와 탄자니아 아이가 그린 그림.[14]

나, 나, 나 그리고 다른 사람들!

열 살 난 두 소녀가 그린 그림 72는 이렇게 말하고 있다.

"나는 지금 교실에서 선생님에게 수업을 받으며 공부를 하고 있어요."

왼쪽 그림에서 스웨덴 소녀는 선생님과 개인적 관계를 맺고 있는 자신의 모습을 도화지 중앙에 그려놓았다.

오른쪽 그림에서 탄자니아 소녀는 칠판 앞이라는 전형적인 위치에 서 있는 선생님과, 선생님보다 훨씬 더 작은 수많은 학생의 모습을 그려놓았다.

이 그림들은 아이가 어른의 권위에 대해서 어떻게 생각하는지, 그리고 집단 속에서 자신의 위치를 어떻게 인식하고 있는지 드러낸다. 서구식 교육은 평등한 관계를 가르치고, 자기주장과 개인적 성취를 우선시한다. 반면, 전통적인 시골 문화에서의 교육은 교사의 권위를 바탕으로 집단 내에서 결속을 강조한다.

---

14. Aronsson et Andersson 인용, 1996.

코드를 모른다면 이해할 수 없는 사람 그림

아래 그림은 무엇을 나타내는 것일까? 오두막집, 나무, 그리고 말의 편자?

그림 73. 왈피리 아이가 그린 '편자' 모양으로 앉은 사람.[15]

이 그림은 오스트레일리아의 유엔두무Yuendumu라는 마을에서 살던 왈리피족 아이가 그린 그림이다. 왈리피족의 전통에 따르면, 어른들이 아이들에게 여행과 사냥에 대한 이야기를 들려주면 아이들은 모래 위에 그것을 그림으로 그렸다고 한다. 이렇게 해서 사람들이 앉아 있는 모습을 그렸는데, 위에서 내려다본 모습이 마치 말편자 모양과 같다.

다른 모든 아이들과 마찬가지로 왈리피족 아이들 역시 자기 문화 고유의 그래픽 언어를 사용한다. 왈리피족 아이는 사람을 말편자 모양으로 그리지만, 학교에 들어가게 되면 서구식 사람 그림에 대해서도 알게 된다. 그렇게 되면 왈리피족 아이는 '그래픽 이중 언어 사용자'가 된다.

15. Cox 인용, 1998.

ZOOM : 만화의 힘

수많은 연구 결과에 의하면, 일본 아이들은 미국이나 유럽 아이들보다 그림을 잘 그리며, 그림을 그리는 능력이 사춘기 이후에도 지속해서 발달한다고 한다.

이러한 우수성은 일본의 그래픽 환경이 일관성 있고 풍요롭기 때문이다. 일본에서 만화는 곳곳에서 흔히 볼 수 있으며, 만화 스타일은 작가에게 국한된 것이 아니라 일본 문화의 한 특징이라고 할 수 있다. 일본에서 만화는 정확하게 하나의 언어로 사용된다.

일본 아이들에게 만화 스타일로 그림 그리는 법을 배우는 것(만화를 따라 그리는 것)은 해당 문화권에서 통용되는 시각적 언어를 습득함으로써 그 속으로 완전히 편입됨을 뜻한다. 즉, 다른 나라와 달리 일본에서는 그림 그리는 법을 배우는 것이 사회화의 중요한 한 요소다.

아이에게 다른 아이들의 그래픽 언어와 구분되는, 자신만의 그래픽 언어를 만들어서 그림을 그리도록 격려해 주기 바란다.

프랑스 아이들은 산타 할아버지를 그린다

"쿠바 아이들은 산타 할아버지를 그리지 않는다."

— 프루보(Pruvôt)

대신 쿠바 아이들은 혁명 장면을 그린다.

프랑스 아이들은 거의 모두 산타 할아버지를 그린다. 특히, 크리스마스 시즌은 그림을 그리기에 가장 좋은 시기다. 그림 74를 관찰해 보자.

빨간색으로 색칠된 산타 할아버지는 보퉁이를 메고 모자를 쓰고 장화를 신고 수염을 기르고 있다(수염이 항상 흰색은 아니다). 산타 할아버지는 대체로 크리스마스 장식을 한 전나무 아래에 선물이 쌓여 있는 상징적인 배경 속에 그려지거나, 썰매를 타고 있는 모습으로 그려진다.

네 살부터 여덟 살 사이에 해마다 그리는 산타 할아버지 그림을 통해서 아이의 그림이 어떻게 진화하고 있는지 측정해 보자. 아이의 작품을 탁자 위에 쭉 펼쳐놓기만 해도 그림이 어떻게 발전했는지 한눈에 알 수 있다.

그림 74. 로잘리아(4세 10개월), 니콜라스(5세 10개월), 루카스(6세 3개월), 샤를로트(9세 3개월).

교사와 부모의 질문

Q) 산타 할아버지가 있다고 믿게 할 필요가 있을까요?

A) 아이는 상상 속에 한 발을, 그리고 현실 속에 또 다른 한 발을 담그고 있습니다. 아이가 산타 할아버지를 믿도록 내버려 둔다고 해서 거짓말을 하는 게 아니라는 말입니다. 단지 아이의 어린 시절을 지켜 주는 것이지요. 이가 빠졌을 때, 생쥐가 찾아와서 베개 밑에 사탕을 두고 간다고 말해 주는 것과 마찬가지입니다. 이러한 상상력이 현실 세계에서 아이가 인성을 형성해 가는 데 방해가 되지는 않습니다.

언제까지 이런 믿음을 유지해 줄 필요가 있느냐고 묻는다면, 이것은 아이마다 다릅니다. 여섯 살 정도가 되면 다른 아이들에 비해 합리적 사고를 하는 몇몇 아이들은 더 이상 산타 할아버지를 믿지 않고, 여전히 산타 할아버지를 믿고 있는 아이들을 아기라고 놀리기도 합니다. 여덟 살 정도가 되면 세상의 경험과 논리적 사고를 통해서 현실 세계와 상상 세계를 명확하게 구분합니다. 그렇게 되면 아이는 산타 할아버지가 없다고 믿게 되지요.

교사와 부모를 위한 조언

아이에게 교실 풍경을 그리라고 해 보세요.

스웨덴 아이처럼 도화지 중앙에 선생님과 개인적 관계를 맺고 있는 자신의 모습을 그리나요, 혹은 탄자니아 아이처럼 선생님과 마주 보는 다른 아이들 속에 자신의 모습을 그리나요?

LE MUZ를 방문하여 다양한 연령의 프랑스 아이들이 그린 교실 풍경을 감상해 보세요. 아이의 그림이 선생님의 교육 방식을 반영한다는 사실을 확인할 수 있습니다. 학생을 중심에 두는지 혹은 학생들과 마주 보는지에 따라서 말입니다.

(http://lemuz.org/coll_particulieres/rene-baldy-presente-levolution-du-bonhomme-chez-lenfant/)

그림과 개인적 독창성

아이들이 모두 서로 다르다는 사실은 수도 없이 말했다. 하지만 몇몇 아이들은 특출나게 다르다. 개인적 특수성으로 인해, 그들이 바라보는 세상이나 상상력을 그림으로 표현할 때 예외적인 색채를 사용하기도 한다. 루실과 폴의 경우가 그러하다. 다른 아이들과 아주 많이 다른 루실과 폴의 그림은 상당히 뛰어난 재능을 드러낸다.

루실은 상상의 세계 속에서 살면서 그 세계를 통해서 현실을 재구성한다.

폴은 기계 구조와 건축 구조로 이루어진 현실에 푹 빠져 있다.

내 꿈은 나의 현실이다

의사들이 '자폐증'이라고 진단을 내린 루실은 열세 살 소녀다. 루실에게 학교의 문은 늘 닫혀 있었기 때문에, 루실은 초등학교 1학년 수준의 학력을 가지고 있다. 네 살 때부터 루실은 그림에 대한 참을 수 없는 충동을 느끼곤 했다. 그래서 그때부터 매일 50~200개 정도의 그림을 볼펜으로 그려왔다.

루실은 세상을 독특한 방식으로 산다. 루실에게 현실은 애니메이션이나 영화에서 영감을 받은 인물들이 가득한 상상의 세계다. 이러한 인물들은 루실과 일상을 함께하면서 인형을 통해서 되살아나거나, 루실이 그린 그림 속에서 감수성을 표현한다. 정면에서 보거나 옆이나 뒤에서 보는 둥근 얼굴은 감정에 사로잡힌 듯 서로를 만지거나 안아 주고 있다.

"루실은 마치 이 인물들과 인형 놀이를 하는 것 같아요"라고 엄마가 말한다.

그들은 어떤 이야기를 경험하고 있는 것일까? 그들은 어떤 감정을 억제하고 있을까?

이것은 수수께끼다. 왜냐하면 루실은 자신의 그림에 대해서 거의 이야기를 하지 않으며, 일단 다 그리고 나면 더 이상 그 그림에 관심을 두지 않기 때문이다.

그림 75. 루실(6, 8, 10, 12세).

여섯 살부터 루실은 인물에 대한 고유의 주제를 설정하여 섬세하고 세련된 스타일로 그림을 그리기 시작했다. 색깔은 이미 두 살 때부터 사용해왔다. 몇몇 그림은 만화를 연상시키는데, 아마 루실이 미야자키 하야오^{Miyazaki Hayao}의 애니메이션을 좋아하기 때문일 것이다. 루실은 구체적으로 필요한 경우에만(엄마가 자신이 좋아하는 과자를 사 오도록 쇼핑 목록을 작성할 때) 글을 쓰려고 했다.

루실이 그림을 그리는 방식 또한 아주 독특하다. 루실의 엄마가 말했다.

"선이 가고 싶은 곳으로 가다 보면 이야기가 전개되어 나오는 듯합니다. 그 과정을 지켜보는 것은 놀라운 일이에요. 왜냐하면 우리는 루실이 그림을 다 그리기 전까지 어떤 그림을 보게 될지 전혀 알 수 없거든요."

루실은 마치 손이 정교하게 움직이면서 그림을 만들어 가도록 내버려 두는 듯하다. 이렇게 즉흥적으로 그림을 그리는 듯 보이지만, 루실의 그림은 늘 수정을 거치지 않고서도 똑같은 스타일, 즉 자신만의 스타일로 완성된다.

모든 것이 눈에 보이다

폴은 아홉 살짜리 소년이다. 언어 지연과 극도의 수줍음이라는 발달 장애가 있음에도 불구하고, 폴은 정상적인 학교 교육을 받았다. 폴은 네 살 반에 그림을 그리기 시작했다. 폴의 부모는 억지로 강요하지는 않았지만, 그림 그리는 활동을 권장했다.

그림 76. 폴의 그림 : 기억에 의존하여 그린 비행기 그림(5세, 6세), 실제 모델을 보면서 그린 병원용 침상(6세)과 사진을 보면서 따라 그린 사크레쾨르(Sacré-Coeur) 성당(8세).

폴은 독특한 방식으로 세상을 바라보며, 그림에서 이러한 독특함을 아주 강하게 표현한다. 폴의 흥미를 끄는 것은 우연히 눈에 띄는 사물의 겉모습이 아니라, 늘 변함없는 내부 구조다.

하나 혹은 두 가지 색깔을 사용하여 수정 없이 힘찬 선으로 그려진 폴의 그림은 정확하고 완벽하며 군더더기가 없다. 구조물이 가진 정교함과 리듬감, 균형미가 잘 드러난다.

"보세요, 이게 내가 본 거예요"라고 그림이 말하는 듯하다.

비행기, 배, 유적지 등 일정한 시간 동안 하나의 주제만이 폴의 관심을 온통 차지한다. 처음에 폴은 주로 기억에 의존하여 그림을 그렸다. 그런 다음, 폴은 자료를 수집하고 정면, 측면, 밖에서 본 모습, 안에서 본 모습 등 시점을 변화시켜서 그린 수많은 그림을 모델로 삼아서, 사물의 절단면을 상상하면서 그림을 그렸다. 동물과 인물은 골격을 그릴 수 있다는 점을 제외하고 폴에게는 덜 흥미로운 주제였다.

그림 52–a에서 마라가 그린 환자용 침상은 단지 할아버지가 누워 있기 위해서 그곳에 있을 뿐이다. 폴 역시 아픈 삼촌으로 인해서 비슷한 상황을 경험했고, 폴도 마라 못지않게 슬펐을 것이다. 하지만 그의 시선을 사로잡았던 것은 의료용 침상이었다. 폴의 그림은 침상이라는 사물이 가진 아름다움을 완벽하게 표현하고 있다.

폴의 그림이 발달하는 과정은 이 책에서 설명하는 일반적인 단계를 따르지는 않는다. 처음부터 구조라는 주제가 있었기 때문에, 폴은 그것을 정확하고 직접적인 스타일로 표현했다.

즉, 이 책에서 논의하는 이론과 해석을 루실이나 폴의 그림에는 적용할 수 없다는 뜻이다. 루실이 인물에 대한 상상력이나 개인적 표현 방식으로 독창성을 드러내고 있다면, 폴의 시선은 나디아Nadia나 스티븐 월트셔Stephen Wiltshire[16]처럼 특별한 화가의 시선을 떠올린다. 네 살에 말의 윤곽을 뛰어난 솜씨로 그렸고, 대도시의 파노라마를 완성하여 국제 갤러리에서 전시했던 스티븐 월트셔는 '살아 있는 카메라'라는 별명을 얻을 정도로 놀라운 시각적 기억력을 가지고 있었다.

교사와 부모를 위한 조언

LE MUZ를 방문하여 루실과 폴의 그림을 더 찾아보세요.
http://lemuz.org/coll_particulieres/galerie-du-regard-approfondi/

16. 서번트 증후군을 가진 영국의 천재 화가 – 옮긴이주.

연습 놀이

두 가지 방식으로 그림을 그릴 수 있는 한 가지 상황이 있습니다.

그림을 가만히 살펴보면, 짙은 배경 위에 밝은색 꽃병이 놓인 모습과, 밝은 공간에 의해서 구분되는 두 사람의 옆모습을 번갈아 볼 수 있습니다. 먼저 두 사람의 옆모습에 주목해 보세요.

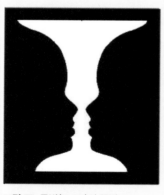

만일 오른손잡이라면 왼쪽 옆모습을 따라 그려 보세요. 빠르게 따라 그리는 과정에서 좌뇌에 저장되어 있던 의미(이마, 코, 입술, 턱)에 해당하는 그래픽 언어를 활성화하게 됩니다. 아마도 눈을 감고도 얼추 그릴 수 있을 것입니다. 이제 꽃병이 좌우 대칭을 이루도록 반대쪽 옆모습을 그려 보세요. 첫 번째 옆모습의 윤곽과 똑같이 그리기 위해서 조금 더 느리게 그리다 보면, 이 과정에서는 우뇌가 담당하고 있는 강력한 시각적 안내 장치를 사용하게 됩니다.

그림 77. 루빈(Rubin)의 꽃병.

연습 놀이

아이에게 거꾸로 놓인 그림을 그대로 따라서 그려 보라고 하세요.

거꾸로 된 그림을 그리는 것으로 유명한 화가 한스 게오르크 케른(Hans-Georg Kern)은 "내용물을 그리는 것이 비워내는 가장 좋은 방법이다"[17]라고 말했습니다.

거꾸로 보면 사물의 의미는 눈에 띄지 않습니다. 의미를 '차단'함으로써 거꾸로 놓은 사물에 대한 시각적 안내가 시작되는 것이죠. 예를 들면, 그림이 제자리에 있을 때보다 거꾸로 놓았을 때 젖소의 의미는 덜 강조됩니다. 따라서 아이들은 젖소와 관련된 표준 그림을 그리지 않을 가능성이 더 높아집니다.

그림 78. 거꾸로 그린 그림.

그림에서 글쓰기까지

"그 조그만 막대기와 고리와 동그라미들과 오밀조밀한 다리들이 모여서 글자가 되다니! 신기한 노릇이 아닐 수 없었다. 게다가 글자는 모여서 음절이 되고, 음절은 하나하나 맞닿아 단어를 이루고, 아이는 도무지 정신을 차릴 수가 없었다. 그러다 몇 개의 단어들이 눈에 익으면, 꼭 현란한 마술을 보는 것만 같았다!"

– 다니엘 페낙(Daniel Pennac)[18]

글자를 알기 전에 글쓰기

이제 막 그림을 그리기 시작하면서, 아이는 우리가 글자라고 부르는 두 번째 범주의 선의 존재를 발견한다. 그리고 당연하다는 듯이 글자를 알지는 못하지만, 글을 쓰고 싶어 한다.

글자를 흉내 내어 그리다

'형태 이전의 그림'과 마찬가지로 '문자 이전의 글쓰기'가 있다. 네 살 정도 되었을 때, 로

---

17. F. Taddeï와 M.I. Taddeï, *d'Art d'Art!*, éditions du Chêne, Paris, 2011, p. 304.
18. Comme un roman, éditions du Gallimard, 1992, p. 127.

잘리아는 어른들이 하는 것처럼 아주 진지하고 심각하게 글자를 썼다. 그림 79에서 왼쪽에서 오른쪽으로, 위에서 아래로 동글게 말려진 선들은 글자처럼 수평적인 층을 이루며 연결되고 있다.

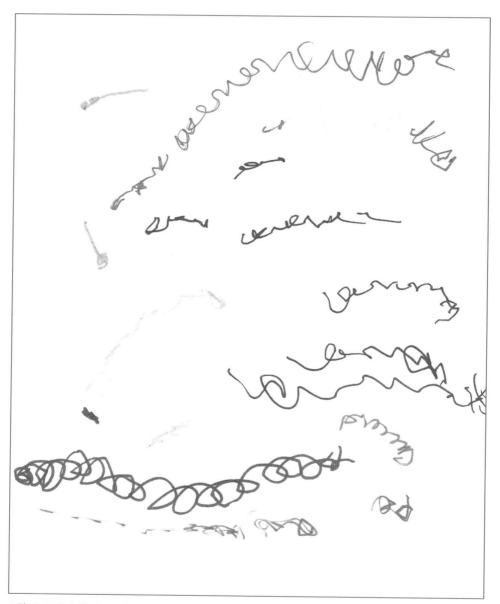

그림 79. 로잘리아(4세 2개월)의 예비 글자.

그림에 서명하고 글자를 넣다

자신의 이름 글자를 따라 그릴 수 있게 되면서부터, 아이는 자신의 그림에 서명을 한다. 아직은 서로 큰 차이가 없는 글자와 그림의 혼재는, 아이들이 그림을 그릴 때 나타나는 보편적 특징이다.

그림 80. 로잘리아(4세 2개월)가 그린 그림과 서명.

ZOOM : 끔찍한 'S'

몇몇 문자는 따라 그리기가 쉽지 않다. 특히 S의 이중 고리 모양은 아이들에게 특별히 어렵다. 다섯 살 이하의 아이들이 그린 수많은 S가 거꾸로 되어 있다.

이러한 어려움은 어디서 비롯되는 것일까? 이 글자를 성공적으로 그리려면 아이는 원을 그릴 때 시계방향으로 돌려서 그리는 습관이 있더라도 반시계방향으로 돌려서 그려야 한다. 잘못된 방향으로 출발하기 때문에 'S'가 아니라 'Ƨ'를 그리는 것이다.

대부분의 유치원에서 반시계방향으로 회전하여 원을 그리는 법을 가르친다. 이때 아이들은 곡선 글씨 쓰는 법을 배우고, 배운 것을 S를 쓸 때 적용하게 된다.

그림 81. 로잘리아(5세 7개월)가 대문자로 쓴 단어와 필기체로 쓴 이름.

아이는 대부분 유치원에서 아빠와 엄마처럼 그림 속에 집어넣을 단순한 단어를 따라 쓰는 법을 연습하고, 자신의 이름 쓰는 법을 배운다.

글자의 체계를 이해하면서부터, 아이는 글자나 단어뿐만 아니라 그림 82에서 로잘리아가 했던 것처럼 비교적 긴 문장을 쓸 수 있게 된다.

몇몇 그림 속에 설명이나 대화가 등장하기 시작하는 때가 바로 이 시기다. 이때 아이는 초등학교에서 맞춤법을 배우게 될 것이다.

여섯 살부터 로잘리아가 그린 그림의 절반은 서명이나 설명이 달려 있다.

그림 82. 로잘리아(6세 3개월)가 처음으로 쓴 문장 중 하나.

Q) 아이는 그림과 글씨를 어떻게 구별하기 시작하나요?

A) 수많은 논문을 통해서 아이들이 그림과 글씨를 섞어서 쓴다는 사실을 확인했습니다.

대략 네 살부터 아이들은 글씨가 그림이 아니라는 사실을 인지합니다. 아이들은 글씨의 표면적인 속성(선형성, 수평성, 연속성)을 흉내 내다가 글자를 발견하고 글자를 만들기도 합니다. 아이들이 쓰는 단어는 대상의 물리적 속성을 나타낼 수도 있습니다. 즉, 기차가 자동차보다 더 길기 때문에 기차라는 단어를 자동차라는 단어보다 더 길게 쓸 수도 있습니다.

아이들이 글쓰기를 하려면 단어를 이루는 음절을 만들기 위해서(B와 A가 BA가 됩니다) 문자라고 부르는 기호(그 이름을 알아야만 합니다)와 소리(듣는 데 익숙해질 필요가 있습니다)를 결합하는 법칙을 이해해야 합니다.

다니엘 페낙이 말했던 것처럼, 그것은 마술입니다!

교사와 부모를 위한 조언

같은 학년의 아이들끼리도 1년 정도의 나이 차이가 나기도 합니다. 그런데도 아이들은 모두 결정적 단계를 뛰어넘습니다. B와 A가 합쳐져서 BA가 된다는 것을 이해하게 되는 것이죠.

이때 이름은 중요한 역할을 합니다.

처음에는 글자를 그림처럼 따라 그리다가, 결국 자신의 이름을 제대로 쓰게 됩니다.

아이는 자신의 이름에서 출발하여 글쓰기에 대해서 차츰 알아 갑니다. 소리를 인식하고, 자음과 모음을 결합하고, 소리와 문자 사이의 관계를 파악합니다.

연습 놀이

읽고 쓰는 법을 배우는 것은 일상생활에서 유용합니다. 배우고 싶은 욕구가 생기는 것은 이러한 유용성 때문입니다. 아이는 산타 할아버지에게 편지를 '쓰고' 서명을 하면서 행복해합니다. 그렇게 하지 않으면 산타 할아버지의 선물을 못 받을 테니까요. 아이와 마트에 가기 전이라면, 장 볼 목록을 직접 작성하도록 해 보세요. 가족들에게 엽서를 쓰거나 생일 축하 카드를 써 보라고 하는 것도 좋습니다. 아, 그림일기를 쓰는 방법도 있네요!

그림 83. 로잘리아(4세 10개월)가 채운 십자말풀이.

혹시 아이가 십자말풀이를 좋아하나요? 어떤 글자로 빈칸을 채울까요? 로잘리아는 자신의 이름을 이루는 글자를 사용했습니다. 이것은 그 나이에 로잘리아가 알고 있는 유일한 글자이기 때문입니다.

결론

1장에서 나는 이렇게 소리쳤다.

"우아! 아이가 그림을 그린다, 정말로!"

그때 말한 아이는 세 살 무렵이었다. 분명 위대한 모험의 시작이었다. 그 아이는 이제 열 살쯤 되었다. 이제 나는 약간 김이 샌 듯 말한다.

"우아, 당신의 아이가 더 이상 그림을 그리지 않는군요."

아이의 생각, 취미, 동기는 진화한다. 그림은 더 이상 아이의 흥미를 끌지 못한다. 적어도 아이가 그림을 그리며 성장해 온 어린 시절을 간직할 줄 알고, 그림 그리는 것을 계속 이어 나가는 경우가 아니라면 말이다.

나는 이 책에서 아이의 그림에 관한 이야기를 모두 다 꺼내놓지는 않았다. 발달 과정에 따라 몇몇 측면을 부각했을 뿐, 다른 몇몇 측면은 어둠 속에 그냥 내버려 두었다. 아직 좀 더 관찰하고 연구해야 할 주제가 남아 있기 때문이다. 그렇지만 중요한 주제는 표면적으로 내용을 설명하는데 그치지 않고, 가능한 간결하고 완전하게 표로 정리하였다.

나는 서론에서 여러 가지 연습 방법을 제안하면서, 이 책을 읽은 후 아이의 그림을 바라 보는 당신의 시선이 이전보다 나아지기를 희망했다. 어떠한가? 스스로 변화를 느낀다면 성 공이다. 당신은 이제 아이가 그림을 그리면서 자신의 발달 과정을 알려 주고 있으며, 이 위 대한 모험 속으로 함께 가자고 초대한다는 사실을 알게 되었을 것이다.

이 책을 덮기 전, 몇 가지 사항을 다시 정리해 보자.

탁자 앞에 차분히 앉아서 손으로 크레파스를 움직이고, 눈으로 바라보면서 확인하고, 머 리로 다시 기억해 보거나 상상하고, 마음으로 감동하면서 아이는 그림을 그린다. 아이들이 그리는 그림의 공통점은 사실적이라는 점이다. 또한, 초보 화가들이 사용하는 키트인 원과 선은 그래픽 기호로 바뀌거나 서로 결합하여 태양, 꽃, 사람을 표현한다. 이제 **그림이 그래픽 언어라는 사실**을 인정할 것이다.

언어 환경 밖에서 성장한 아이(예를 들어, 늑대 소년)가 말을 하지 못한다는 것은 이미 아주 오래전부터 알려진 사실이다. 이와 마찬가지로, 그림을 그리도록 거의 자극을 받지 못하거나 그래픽 환경이 빈약한 곳에서 성장한 아이는, 그림으로 자신을 표현하지 못할 뿐만 아니라 아이의 그림은 어떤 상황에서도 우리가 말했던 세상을 뛰어넘지 못한다. 그러므로 아이에게 그림을 그리도록 자극하고 가능한 한 풍요로운 시각적 환경을 제공해 주기 바란다. 그림을 그리는 활동은, 아이가 앞으로 받을 각종 교육에 필요한 능력을 갖추는 데 도움이 된다.

아이들은 서로 다르며 각자의 속도에 따라 성장한다. 기질이나 생활 환경에서 비롯된 여러 가지 이유로 아이들은 서로 무척 다르다. 물론 그러한 차이를 비교당할 위험도 있다. 어떤 아이는 그림 그리는 것을 좋아해서 많이 그리고 잘 그리게 되지만, 또 어떤 아이는 다른 관심사를 가지고 있어서 그림에는 무관심한 채 다른 능력을 개발한다. 이것이 정상이다. 서로가 다르다는 것은 일종의 원칙이다. 이 책에서 사례로 제시한 그림들은 그 안에 무한한 다양성을 감추고 있기 때문에, 유형화할 수 없다. 제시된 나이는 단순히 하나의 기준일 뿐이며, 그 기준을 중심으로도 무한한 다양성을 관찰할 수 있다. 아이가 매 순간 자신의 심리 상태나 상황에 따라 아주 다른 그림을 그릴 수 있다는 사실을 잊지 말자. 끔찍하게 상처받기도 하고 겉으로 보기에 멈추어 있는 듯하고 때로 퇴행하고 있는 것처럼 보이는 아이의 발달 과정을 여유로운 마음으로 바라보아야 한다. 대부분의 아이는 이런 과정을 거치며 성장한다.

내가 이 책에서 제안하는 해석은 '아이 그림의 발달 과정'에 초점을 맞추고 있다. 처음으로 종이 위에 무언가를 긁적이는 순간부터, 움직이는 사람이나 원근감이 살아 있는 풍경을 그리게 될 때까지 말이다. 이를 위해 그림 운동성Graphomotor[19], 측성화[20], 놀이, 언어, 상징(기호) 조작, 성 정체성, 성에 관한 고정 관념, 신중함, 감정에 대한 이해, 습관의 힘, 공간 표현, 산타 할아버지에 관한 믿음, 창의성 등을 다루었다. 그리고 이러한 요소들을 관찰함

---

19. 그림을 그리거나 글을 쓸 때 근육의 운동 능력 – 옮긴이주.
20. 이른 유년기에 결정되는 신체적 기능의 비대칭 화 – 옮긴이주.

으로써 아이의 발달 과정을 확인할 수 있다. 이 책을 통해서 일반적으로 나타나는 아이 그림의 발달 과정을 이해하고, 각각의 그림을 유형별로 분류하거나 시간의 흐름에 따른 기준을 적용해 보기를 바란다.

　이제 알게 된 내용을 실제로 적용해 볼 차례다.

　아이가 처음으로 그린 그림은 '열려 있는 문'과도 같다. 그런 그림을 찾아서 그린 날짜를 적어 보자. 첫 번째 긁적거림, 첫 번째 태양 그림, 첫 번째 사람 그림 등. 또한, 각 그림에 대해서 의미 있는 순간을 찾아보자. 예를 들어, 사람 그림의 경우라면 처음으로 알아볼 수 있는 사람, 처음으로 그린 두족인, 처음으로 선으로 그린 사람 등이다.

　의사는 환자의 변화를 파악하기 위해서 최근에 찍은 엑스레이를 모니터 상에 나란히 띄운다. 마찬가지로 아이가 그린 그림을 탁자 위에 나란히 늘어놓고 그 변화 과정을 살펴보자. 지금까지 유지되고 있는 요소는 무엇인가? 변화된 요소는 무엇인가? 아이는 늘 같은 방식을 되풀이하고 있는가? 혹은 새로운 방식을 만들어내는가? 투명성, 회전, 표준적인 실수 등과 같은 보편적인 경향을 찾아보자.

　아이가 어떻게 그림을 그리는지, 차분히 바라보길 바란다. 그림은 도장을 찍듯이 뚝딱 그려지는 게 아니다. 그림을 그리는 것은 항상 예측하기 힘들며, 오랜 시간이 걸린다. 하나의 선을 그리고 또 다른 선을 그리고, 하나의 형태를 그리고 또 다른 형태를 그린다. 마음속 의도와 그것을 직접 표현하는 손 사이에 수많은 장애물이 있다. 의도는 늘 손이 실행할 수 있는 것보다 앞서가기 마련이다. **아이가 자신이 의도한 바대로 그림을 그려내기까지 시행착오 하는 과정을 인내심을 갖고 지켜보아야 한다.**

　하지만 아이의 그림이 발전하는 과정은 장애물 경주가 아니므로, 아이 혼자서 헤쳐 나가도록 내버려 둘 이유가 전혀 없다. **지나친 간섭을 경계하면서, 아이와 함께할 수 있는 시간을 만들어 보자.** 아이가 그린 그림에 관해 자유롭게 대화를 나누고, 적절한 순간에는 주저하지 말고 아이를 도와주어야 한다.

　아이가 익숙한 스타일의 그림에서 벗어나서 몸을 구부리고 있는 사람, 옆모습을 보이는 사람, 슬픈 사람, 상상의 인물 등을 그릴 수 있도록 유연성을 개발해 주기 바란다. 익숙한 스타일의 그림에서 벗어난다는 것은 어쩌면 아이가 심리적으로 잘 발달하고 있다는 가장 좋은 증거일 수 있다.

이 책에서 다루고 있는 주제들에 관해 더 깊이 있는 정보를 원한다면 다음 책을 참고하기 바란다.

BALDY, R, *Fais-moi un beau dessin, Regarder le dessin de l'enfant, comprendre son évolution*, éditions In Press, Paris, 2011.

1. 그림의 비밀

ALLAND, A., *Playing with Form : Children Draw in Six Cultures*, Colombia University Press, New York, 1983.

BURKITT, E., BARRETT, M., Davis, A., Children's colour choices for completing drawings of affectively characterised topics. *Journal of Child Psychology and Psychiatry*, 44 (3), 445–455, 2003.

COHN, N., Explaining "I Can't Draw" : *Parallels between the Structure and Development of Language and Drawing*. Human development, 55, 167–192, 2012.

GOODNOW, J.-J., LEVINE, R.-A. (1973). *"The grammar of action": Sequence and syntax in children's copying*, Cognitive Psychology, 4, 82–98, 1973.

LUQUET, G.-H., *Le Dessin enfantin*, Delachaux et Niestlé, Genève, 1927.

PICASSO, P., Catalogue de l'exposition Matisse-Picasso, RMN, Paris 2002.

PINKER, S., *L'Instinct du langage*, Odile Jacob, Paris, 2013.

PUTNAM, H., *Raison, vérité et histoire*, Editions de Minuit, Paris, 1981.

RANCHIN, C., *Dessins d'enfants maliens*, mémoire de Master 2 recherche, université Montpellier III, 2009.

VAN SOMMERs, P., *Drawing and Cognition*, Cambridge University Press, New York,

1984.

VINTER, A., MEULEMBROCK, R.-G.-J., *The role of manual dominance and visual feedback in circular drawing movements*, Journal of Human Movement Studies, 25, 11–37, 1993.

VLACHOS, F., BONOTI, F., *Left and right-handed children drawing performance : is there any difference?* Laterality, 2004, 9, 4, 397–409, 2004.

2. 사람 그림과 그 발달 과정

BALDY, R., *Dessins d'enfants et developpement cognitifs*, Enfance, 1, 34-44, 2005.

BALDY, R., *Pourquoi les enfants de quatre ans dessinent-ils des bonshommes têtards?* Site internet de la Société Française de Psychologie : http://sfpsy.org/IMG/pdf/ Baldy_26sept2007.pdf, 2007.

BALDY, R., *Dessine-moi un bonhomme. Dessins d'enfants et développement cognitif*, éditions In Press, Paris, 2010.

FREEMAN, N., *Current problems in the development of representational picture-production*, Archives de Psychologie, 55, 127–152, 1987.

GOODNOW, J., *Children drawing*, Harvard University Press, Cambridge, 1977.

PAGET, G., *Some Drawings of Men and Women Made by Children of Certain Non-European Races*, Journal of the Royal Anthropological Institute of Great Britain and Ireland, 62 : 127–144, 1932.

VAN SOMMERs, P., *Drawing and Cognition*, Cambridge University Press, New York, 1984.

3. 움직이고 표정이 있는 사람을 그리다

BALDY, R., *Dessine-moi un bonhomme. Dessins d'enfants et développement cognitif*, éditions In Press, Paris, 2010.

BESANCON, M., GUIGNARD, J.-H., LUBART, T.-I., *Haut potentiel, créativité chez l'enfant et éducation*, Bulletin de psychologie, 59, 5, 485, 491–504, 2006.

BRECHET, C., BALDY, R., & PICARD, D., *How does Sam feel? : Children's labelling and drawing of basic emotions*, British Journal of Developmental Psychology, 27, 587–606, 2009.

BRECHET, C., PICARD, D., BALDY, R., *Expression des émotions dans le dessin d'un homme chez l'enfant de 5 à 11 ans*, Canadian Journal of Experimental Psychology, 6 : 141–153, 2007.

BRECHET, C., PICARD, D. & BALDY, R., *Dessin d'un homme animé d'émotions : effet du sexe du dessinateur.* In, Perspectives différentielles en psychologie (sous la direction de E. Loarer et al.). Presses universitaires de Rennes, Rennes, 2008.

BRECHET, C., JOLLEY, R.-P., *The Roles of Emotional Comprehension and Representational Drawing Skill in Children's Expressive Drawing*, Infant and Child Development, DOI : 10.1002/icd.1842, 2014.

CHAN, D. W. & ZHAO, Y., *The Relationship Between Drawing Skill and Artistic Creativity: Do Age and Artistic Involvement Make a Difference?* Creativity Research Journal, 22(1), 27–36, 2010.

GARDNER, H., *Gribouillages et dessins d'enfants. Leur signification*, Mardaga, Bruxelles, 1980.

GOODNOW, J.-J., WILKINS, P., DAWES, L., *Acquiring Cultural Forms: Cognitive Aspects of Socialization Illustrated by Children's Drawings and Judgements of Draings*, International Journal of Behavioral development, 9, 485–505, 1986.

GOODNOW J.-J., *Visible Thinking: Cognitive Aspects of Change in Drawings*, Child Development, 49, 637–641, 1978.

GUILFORD, J.-P., *Three Faces of Intellect*, American Psychologist, Vol 14(8). pp.469–479, 1959.

KARMILOFF-SMITH, A. (1990). *Constraints on Representational Change: Evidence from Children's Drawing.* Cognition, 34 : 57–83.

PICARD, D., BRECHET, C., BALDY, R., *Expressive Strategies in Drawing are Related to Age and Topic*, Journal of Nonverbal Behavior, 3 : 243–257, 2007.

PICARD, D., GAUTHIER, C., *The Development of Expressive Drawing Abilities during Childood and into Adolescence*, Child development research. Article ID 925063, 7 pages http://dx.doi.org/10.1155/2012/925063, 2012.

ROUMA, G. (1913). *Le Langage graphique de l'enfant*, 2ᵉ édition, Misch et Thron, Bruxelles, 1913.

TORRANCE, E.-P., *Tests de pensée créative*, éditions du Centre de psychologie appliquée, Paris,1976.

WILSON, M. & WILSON, B., *The Case of the Disappearing Two-Eyed Profile: or how Little Children influence the Drawing of Little Children*, Review of Research in Visual Arts Education, 15 : 19–32, 1982.

4. 동물 그림을 그려 보자

LUQUET, G.-H., *Le Dessin enfantin*, Delachaux et Niestlé, Genève, 1927.

PICARD, D., DURAND, K., *Are young children's drawings canonically biased?*, Journal of Experimental Child Psychology, 90, 48–64, 2005.

5. 집과 풍경

ARAGON, L., *Henri Matisse, roman*, Gallimard, Paris, 1998.

BARROUILLET, P., FAYOL, M., CHEVROT, C., *Le Dessin d'une maison. Construction d'une échelle de développement*, L'année psychologique, 94, 81–98, 1994.

LE MEN, J., *L'Espace figuratif et les structures de la personnalité. Une épreuve clinique originale : Le D10. Tomes I et II*. Paris, PUF, 1966.

PIAGET, J., INHELDER, B., *La Représentation de l'espace chez l'enfant*, PUF, Paris, 1947.

SILK, A.-M.,THOMAS, G.-V., *The development of size scaling in children's figure drawings*. British Journal of Developmental Psychology, 6, 285–299, 1988.

VAN SOMMERS, P., *Drawing and Cognition*. Cambridge University Press, New York, 1984.

6. 보편적 · 문화적 · 독창적 언어

ARONSSON, K. & ANDERSSON, S, *Social scaling in children's drawings of classroom life: a cultural comparative analysis of social scaling in Africa and Sweden*, British Journal of Developmental Psychology, 14 : 301–314, 1996.

BALDY, R., *Dessine-moi un bonhomme*, Universaux et variantes culturelles. Gradhiva. Au musée du quai Branly, N° 9 《Arts de l'enfance, Enfances de l'art》, 132–151, 2009.

BALDY, R., FABRE, D., *Des enfants dessinateurs au Moyen Âge*, Gradhiva, Au musée du quai Branly, N° 9 《Arts de l'enfance, Enfances de l'art》, 152–163, 2009.

BONOTI, F., MISAILIDI, P. & GREGORIOU, F., *Graphic indicators of pedagogic style in greek children's drawings, perceptual and motor skills*, 97, 195–205, 2003.

COX, M.-V., *Drawings of People by Australian Aboriginal Children: the inter-mixing of Cultural Styles*, Journal of Art and Design Education, 17, 1, 71–79, 1998.

COX, M.-V., Koyasu, M., Hiranuma, H., et Perara, J., *Children's Human Figure Drawings in the UK and Japan: the Effects of Age, Sex and Culture*, British Journal of Developmental Psychology 19, 2 : 275–292, 2001.

ELIOT, L., *Cerveau bleu, cerveau rose. Les neurones ont-ils un sexe?* Poche Marabout, Paris, 2011.

EDWARDS, B., *Dessiner grâce au cerveau droit*, Mardaga, Bruxelles, 1979.

NOYER, M., BALDY, R., *Influencé de la complexite des formes imagées et langagieres d'un référent et rôle du prénom dans l'acquisition de l'écriture entre 3 et 6 ans*, Archives de Psychologie, 71, 199–215, 2005.

NOYER-MARTIN, M., DEVICHI, C., *Influence des caractéristiques physiques du réferent sur l'écriture de l'enfant pré-scripteur*, Psychologie Française, 2014 (http://www.sciencedirect.com/).

PENNAC, D., *Comme un roman*, Gallimard, 1992, page 127.

PICARD, D. & BALDY, R., *Le dessin de l'enfant et son usage dans la pratique psychologique*, Développements, 10, 45–60, 2011.

PRUVÔT, M.-V., *Le dessin libre et le dessin de la famille chez l'enfant cubain. Étude comparative avec un groupe d'écoliers français.* Pratiques psychologiques, 11 : 15–27, 2005.

ROUMA, G., *Le Langage graphique de l'enfant.* 2e édition, Misch et Thron, 1913.

SELFE, L., *Nadia : A Case of Extraordinary Drawing Ability in an Autistic Child*, Académie Press, New York, 1977.

SULLY, J., *Studies of Childhood.* London, Longmans, Green, études sur l'enfance, Paris : Alcan, Paris, 1898 pour la traduction française.

TADDEÏ, F., et TADDEÏ, M.I., *d'Art d'Art!*, éditions du Chêne, Paris, 2011, page 304.

WILSON, B., WILSON, M., *Children's Drawings in Egypt: Cultural Style Acquisition as Graphic Development*, Visual Arts Research, 10 : 13-26, 1984.

지은이_르네 발디René Baldy

프랑스 몽펠리에의 폴 발레리 대학에서 아동발달심리를 가르쳤고, 현재 동 대학에서 명예교수로
재직 중이다. 아이의 그림 및 공간 표현의 발달에 대한 많은 기사를 쓰고 책을 펴냈다.

서문_끌로드 퐁티Claude Ponti

1948년 프랑스 로렌 지방의 뤼네빌에서 태어났다. 스트라스부르대학에서 문학과 고고학을,
엑스대학에서 미술을 공부했으며, 1969년부터는 파리에 살면서 회화와 조각을 공부했다.
작가이자 만화가, 삽화가이며, 딸 아델을 위해 1985년 첫 어린이책 『아델의 앨범』을 만들었다.
그린 책으로 『작은 가지』, 『나의 계곡』, 『파리』, 『개와 고양이』, 『창문』 등이 있다.
2010년 'LE MUZ(어린이 작품 박물관)'를 설립하여 운영 중이다.

옮긴이_강현주

한국외국어대학교 불어과 및 동 대학원을 졸업하고, 불어 및 영어 전문 번역가로 일하고 있다.
주요 역서로는 『여성의 몸, 여성의 지혜』, 『종이가 만든 길』, 『철학자의 여행법』, 『코코 샤넬』,
『인간관계의 심리학』, 『비밀의 심리학』, 『격리된 낙원』, 『나는 왜 이유 없이 아픈 걸까』,
『아이와의 전쟁에서 승리하는 법』, 『아이와 협상하라』, 『프랑스 영재 교육법』 등이 있다.